AF098058

www.ingramcontent.com/pod-product-compliance
Lightning Source LLC
LaVergne TN
LVHW011941070526
838202LV00054B/4744
9788119022670

اوراقِ گل

(مجموعہ کلام)

خیرات ندیم

© Khairaat Nadeem

Auraq-e-Gul *(Poetry)*
by: Khairaat Nadeem
Edition: May '2024
Publisher :
Taemeer Publications LLC (Michigan, USA / Hyderabad, India)

ISBN 978-81-19022-67-0
9 788119 022670

مصنف یاناشر کی پیشگی اجازت کے بغیر اس کتاب کا کوئی بھی حصہ کسی بھی شکل میں بشمول ویب سائٹ پر
اَپ لوڈنگ کے لیے استعمال نہ کیا جائے۔ نیز اس کتاب پر کسی بھی قسم کے تنازع کو نمٹانے کا اختیار
صرف حیدرآباد (تلنگانہ) کی عدلیہ کو ہو گا۔

© خیرات ندیم

کتاب	:	**اوراقِ گل** (مجموعہ کلام)
مصنف	:	**خیرات ندیم**
صنف	:	شاعری
ناشر	:	تعمیر پبلی کیشنز (حیدرآباد، انڈیا)
سالِ اشاعت	:	۲۰۲۴ء
صفحات	:	۱۷۶
سرورق ڈیزائن	:	تعمیر ویب ڈیزائن

فہرست

فہرست
انتساب
اوراقِ گل کا شاعر، علامہ حاذق طیفوری ۹
کہتا ہوں سچ کہ "مصنف" اوراقِ گل کا ۱۷
ایک شعر ۲۲
مالکِ ارض وسما ۲۳
جنبشِ حق کی جو صورت بہ تجلی آئی ہے ۲۴
رحمت اللعالمین ۲۵
چار مصرعے ۲۷
موارائے کائنات ۲۸
حسین کا نام ۳۰
عرشِ معلا ہے کربلا ۳۲
چار مصرعے ۳۴
تجرباتِ شعر و فن میں اب کوئی بھی شک نہیں ۳۵

بس اتنی بات ہے جینے کا اسرا نہ ملا' ۷۷	عہد کا ذہن ہے اسی میں اک دو رخ نہیں ۳۵
حتیٰ کہ بات سن کے آج مرے دوست ڈر گئے' ۷۸	فرّوں کے عہد میں کبھی دل دکھا دیا اس نے تھا' ۳۹
حقیقتوں کے نہ اظہار سے ڈرا دو مجھے ۸۰	یہ زندگی تو سا تھ دیتی ہے تھکتی رہی' ۴۱
ہر اک خیال ہر اک فکر' زید و بکر' ۸۲	اگر یہ جبر مسلسل ہی تقدیر عالم ہے' ۴۳
ہنستے کا رنگ پیار کے لہجے میں آ گیا' ۸۴	دیر بدیر آپ نے انداز ہم بدل لئے ہیں' ۴۵
ہر دور میں جو باعث تخلیق ہوا ہے' ۸۶	ہم غفلت نسل ہے زمانہ کو یہ بتلا دو' ۴۷
یہ واردات مسلسل ہے کیا کیا جائے ۸۸	نمو میات کی تاریخ ہم بنا کے چلے' ۴۹
تمام عمر وہی پیش و پس میں بیتے ہیں' ۹۰	سازشوں کی گود میں جب اپنے پیدا ہوتے' ۵۱
جب انقلاب وقت کے تیور بدل گئے' ۹۱	حسرت سفر اتنی معتبر نہیں ہوتی' ۵۳
کیا مقدر ہمیں تازہ ستم دیکھنے' ۹۳	لباس پہنے ہوئے بھی وہ بے لباس لگے' ۵۵
غرد نہ وہ ہم و گماں اک اثر میں ہوتے ہم' ۹۵	نئی تاریخ مرتب کرد و میخانے سے' ۵۷
حسن کو نگاہ سول تک عشق کا اشارہ ٹکا' ۹۷	زخموں کے دینے درد کے فانوس جلا دو' ۵۹
اے امتحان ہمت اہل کفن ابھی' ۹۹	زندگی ایسی گزر تی ہے دل نزار کی ساتھ' ۶۱
دل کہاں سے مراتنائی اٹھا لایا' ۱۰۱	وقت و حالات سے تجھے جو ملا کرتے تھے' ۶۳
آنسو کہ بوند لہذیں تنہائیوں کا نصیب' ۱۰۳	وقت کو خوب یہ انداز میسر آ یا ہے' ۶۵
اے ہم شہر نگاہ اپنی تلاش میں ہے' ۱۰۵	فون دل اور سمجھ اچھی سخن اور کسی' ۶۷
ظلمت کو اقبار سحر کہہ دیا گی' ۱۰۷	کون کتنا ہے کہ الفاظ کی بارش ہو جائے' ۶۹
کس نے کہا کہ بھر لاہور افسانہ ہی' ۱۰۹	وہ طود ہم انداز غضب بھول گئے ہم' ۷۰
دیار شوق سمجھنا کوئی مذاق نہیں' ۱۱۱	لے رنگ رنگ میں رواں شعلہ با دہ ہم لوگ' ۷۲
ہے آج وقت کے رحم و غنا کی تیک' ۱۱۳	سامنے لفظوں کا شیرازہ تو ہو' ۷۳
اکھارا زن کی تیر غم میں معین تاروں سے کھیلو' ۱۱۵	نگاہ و فکر کر فنائیاں زیادہ سہی' ۷۴

ہے جوہر تخلیق تو اضطرابِ تراشو ١١٦	تیرے دیوانے کا تجھ سے واسطہ کوئی نہیں ١٢٦
ابھی تک میں وہی ہوں سب پیشی ولیس میں ١١٩	کچھ تو کہیے پیر و جواں خیریت سے ہیں ١٢٧
مزاج وقت سے اتنی سی اک گزارش ہے ١٢١	سنگخوری میں پیامِ نوید ہو تاہے ١٢٨
ملنے ملنے دوست آہستہ ملا ١٢٣	دیکھے تو زندگی کی ہر ادا خطرے میں ہے ١٥٠
ہم نٹو پہ لیے رنگِ شفق سامنے آئے ١٢٤	ہر سجدہ خلوص کا حال ہے کیا نہ مانگ ١٥٢
دھلی دھلی سی ملک پرستی شفق کی طرح ١٢٥	لفظ تخلیق ہوئے وقت الہا ڈھلنے ١٥٤
زندگی اپنی کھلاک بے غم کا شیرازہ نہیں ١٢٦	کچھ حقیقت ہے دکھاؤ لبے اکہاری بھی ہے ١٥٦
جی نڈر کا حال ہر جانب نخستہ ہو گیا ١٢٨	اک انقلاب کی ماؤں بٹ رہیں اب کے ١٥٨
کبھی کہہ رہی ہے منزل کبھی کہہ رہا ہے جادہ ١٢٩	باطل کے پرستار ہیں معلوم نہیں کیوں ١٦٠
ان کے ہاتھوں میں وہ ایک جام ہے کیا عرض کروں ١٣١	بھیگا گڑا ہے آج بہت چاندنی مجھے ١٦٢
جگر ہواہوں نارسید کسرود آسموں کیلیم ١٣٣	یہ حقیقت ہے کوئی کہنے کا پہلو تو نہیں ١٦٤
غرورِ علم کا مجموعی ان کے لہجے میں ١٣٤	نہ گیسوؤں سے نہ اندازِ سحر سے ملی ١٦٦
مسرتوں کی امیدوں کی نا تمامی نے ١٣٦	یہ سوچ سنبھا ہو کہ کیا کیا نظر میں دکھا جائے ١٦٨
شعر ہم کہہ کے سرخرو بھی نہیں ١٣٨	موسمِ گل کبھی نہیں لذتِ بادہ کبھی نہیں ١٦٠
ہر قطرہ آنسوؤں کا سمندر رنگ لگے ١٤٠	تجھ کو جب لے نگاہ بلا سمجھ لیتے ہیں ١٧٢
دہ التفات وہ طرز ادا بھی ٹوٹ گئی ١٤٢	نغم تازہ کے سلسلے ٹو طے ١٧٤
	بناہ اسن کو ڈہونڈے ہے آہ کار اج ١٧٥

◉

ہمراہ کائنات ہے جب تو بھی ساتھ ہے
اوراقِ گل پہ لفظ کی خوشبو بھی ساتھ ہے

اِنتساب

ڈاکٹر سیّد عبدالمنّان

(صدر انجمن ترقی اُردو آندھرا پردیش)

کے

نام

خیرات ندیم

(علامہ حاذق طیفوری)

اوراقِ گُل کا شاعر :

—— وجود کے آئینہ میں اپنا چہرہ دیکھنے کی بینائی فطرت کی طرف سے

یا تو پیغمبروں کو عطا ہوئی ہے یا پھر دل شاعر کو —— جو فطرت کی زبان جانتا ہے وہی فطرت کے پیغام کو سمجھ سکتا ہے دھرتی کے سینے سے اُٹھنے والی کرب میں ڈوبی ہوئی چیخوں کو انسانیت کا درد رکھنے والے شعور ہی پہچان پاتے ہیں۔ دنیا کے درد کو اپنا درد اور کبھی کبھی اپنے درد کو پوری دنیا کا درد سمجھ لینا ہی بصیرتوں کی علامت ہے۔ اور جب اس نوع کی کوئی بصیرت وجدان کے دائرہ میں آتی ہے تو شعور اس بصیرت کو لفظوں کا لباس پہنا کر فضاء میں اچھال دیتا ہے۔ اور کائنات محبتوں کے درد سے آشنا ہو جاتی ہے۔

بصیرت کے ذریعہ ادراک تک پہونچنے والا ذات کا درد کائنات کا درد محبت اور صرف محبت ہوتا ہے۔ درد کی یہ صورت گری اور تہذیبِ لفظی کا یہی مرقع ضابطۂ فن سے آراستہ ہو کر شعری فضا پیدا کرتا ہے اور ادب کا پیکر بن جاتا ہے۔

ادب درد کو وجدان اور وجدان کو شعور اور شعور کو علم اور علم کو مشاہدہ کا پیغمبرانہ مقام جب تک نہ بخشے ادب تخلیق نہیں ہوتا، انسان زندہ و تازہ نہیں ہوتا۔ دھرتی کے سینے سے اُٹھنے والی ہر چیخ اور انسان کا ہر درد فضا میں تحلیل ہو کر ادب و علم کے گہرے اُفق میں گم ہو جاتے ہیں۔ کیا صدیوں کی نیند سے لدی ہوئی بوجھل آنکھیں دھرتی کا چہرہ دیکھ سکتی ہیں۔ کیا ایسی کور بصارتیں صحیفۂ فطرت کو پڑھ سکتی ہیں۔ کیا صدیوں کے بوجھ سے لدی ہوئی بوڑھی سماعتیں دھرتی کی چیخ ۔

سکتی ہیں کیا فضائے بسیط کے نیلگوں دھندلکوں میں گھومتی ہوئی روشنی ان دماغوں کے قریب پہنچ سکتی ہے ــــــــ؟ ہرگز نہیں! جبکہ حقیقت یہ ہے کہ روشنی اپنا مذہب جانتی ہے' اپنا فرض پہچانتی ہے' دماغوں کو جھنجوڑنے اور ضمیروں کو بیدار کرنے کی ضرورت ہے کان کھل جائیں گے آنکھیں دیکھنے لگ جائیں گی' زندگی کے درد میں ڈوبی ہوئی آواز ملی کا رنگ عکس در عکس تصویریں بن کر عظیم وجود میں تحلیل ہوجائیں گے ذات کائنات پر چھائے گی اور کائنات ذات میں گم ہو جائے گی۔

صحیفۂ فطرت کی ہر آیت کا راز اس پر آشکار ہو گا۔ انسانیت کا درد وجود میں کروٹیں لینے لگے گا۔ اور پھر پیمبرانہ کردار ستاروں کی لکیروں سے مزین ہو کر ایک نئی تاریخ مرتب کریگا نئے کون و مکاں نئے کو مین مدون ہوں گے' نئی زندگی' نئے اُفق' نئے زمین و آسمان اور بالکل ہی ایک نئے انسان کی تخلیق ہوگی۔ اور پھر جب انسانیت اپنی جبلت' اپنی نفسیات اور اپنے سلگتے بجھتے' مدہم اور طوفانی رنگوں کا نہیں بلکہ جاوداں روشنیوں کا خالق ہوگا تب کہیں جاکر لافانی تہذیب اور آفاقی ادب تخلیق ہوگا۔

ابھی چیخوں کا سفر جاری ہے' درد و کرب کا سفر جاری ہے' لفظوں اور آوازوں کا سفر جاری ہے۔ اندھیرے اور اجالوں کا سفر جاری ہے اور جنتوں کا تصور اس کرۂ ارض پر آج بھی محض ایک خواب ہے۔

ہاں ہمیں نے دیکھا اس عالمِ رنگ و بو میں خیرات ندیم کی آنکھ سے ؎

جب تعصب کا جہنم جاگتا ہے تو نہ پوچھ\
کس کا گھر باقی بچا ہے اور کس کا گھر گیا

آنکھ سے ڈھلکنے والے ہر قطرۂ آب میں لفظوں نے ایک تصویر دکھائی اور وہ تصویر تھی۔ بستیاں اُجاڑ ہیں مکان خالی ہیں۔ زلزلوں کے جھٹکے مسلسل آرہے ہیں۔ بحر دلدل اور دریا صحرا بن رہے ہیں۔ پہاڑ کھائیوں میں اتر رہے ہیں۔ کھائیاں پہاڑوں پر چڑھ رہی ہیں۔ اور پھر میں نے دیکھا اس آنکھ سے۔ زمین نے چولا بدلا' آسمان نے کروٹ لی۔

فطرت کی بوجھل پلکیں اٹھیں، ہوا سنسنائی، نئے ماحول بنے، نئے رنگ لہرائے، گلفروش درخت کے سائے میں ایک موہوم امید نے سر ابھارا، دل نے ہمت بندھائی، مایوسی کو کفر جانا، کرۂ ارض کی نادیدہ جھنجھوڑ کے جبڑوں سے کھینچ لینے کے حوصلوں نے للکارا کہ ہمارے حوصلوں کو نہ آزماؤ۔ استغراق جیسی کیفیت میں خود سے بے نیاز اور کونین سے باخبر دلِ ندیم جھوم کر بول اٹھا ؎

ڈھلی ڈھلی سی فلک پر حسیں شفق کی طرح
کھلی کتاب ہیں ہم بھی کتاب حق کی طرح

ذٰلک الکتاب کی روشن آیات شعری پیکر میں ڈھل گئیں —— جو توپیں ازلی حدوں کو چھو کر چلی تھیں، الفاظ کی کثافت سے بوجھل ہو کر رہ گئیں، لفظ بے معنی نکلے۔ محض وضع عقلی اور محاکات کی تعبیر ہیں۔ معنی و حقائق سے کوسوں دور جذبہ و خیال کی شدت سے لفظ کی ہم آہنگی ترسیل و ابلاغ کے ضابطہ کی طلبگار رہے اور جب وسعتوں کے پیمانے متعین ہوتے ہیں تو لفظ تنہا نہیں ہوتا۔ اس کے جلو میں معنی و حقائق کا ہجوم ہوتا ہے، مشرق کی زبان اور جنوں کی داستانیں ہوتی ہیں جیسے ندیم کے یہ لفظ ؎

آج تخلیق کر رہا ہوں ندیم
صفِ قرگاں پہ صبح کی تنویر

لفظ تنہا نہیں ہیں ابلاغ و ترسیل کے ایک جامع اور متعینہ پیمانے میں ناپ کر رکھے گئے ہیں۔ یہ بات دل کو لگ رہی ہے۔ لفظ لمحوں کی اسیری سے نکل رہے ہیں۔ ایک فنکار نے احتمال کی جنبش سے ذہن کی اتھاہ وادیوں سے بھٹک کر آنے والے خیال کو کینوس پر لفظوں کے ذریعہ صورت دی ہے ہر فنکار کی اپنی ایک انا ہوتی ہے اور اس کی اس انا سے مختلف رنگ اڑتے ہیں اور فضا کے بسیط میں پھیل جاتے ہیں۔ انا ہی وہ بحر بیکراں ہے کہ جس کی لانہایت گہرائیوں سے علی الدوام پر جوش لہریں اٹھتی رہتی ہیں اور ایک سفر سے

زر کے سطح آب پر حباب بن کر پھوٹ جاتی ہیں۔ یا موج بن کر اچھل جاتی ہیں، یا طوفان بن
رفضاء پر چھا جاتی ہیں۔

اسی طرح اور فطرت کے اسی سلسلۂ اصول کے تحت بھی خیرات ندیم کی انا سے رنگا رنگ
یفیتیں اور لامحدود تو یتیں ذات و کائنات پر پھیل کر جاوداں کر دیا اور حسن کا مرقع بن گئی ہیں
یم کا کردار اور اس کا فن بن کر سامنے آئی ہیں۔ روایتی غزل گوئی سے دامن بچاتے ہوئے ندیم
نے اپنے ماحول اور حالات کو جس انداز سے سامنے رکھا اور زندگی کے جس رُخ کو اپنے تفاضول
الدوشنی میں دیکھا لفظوں کے بے جان پیکر میں روح سمو دی۔ لفظ تنہا نہ ہے بول اُٹھے بظاہر
یکہ روح کے جسم میں آجانے کے بعد کون خاموش رہتا ہے

ندیم کی تخلیقات میں فکر کی گہرائی اور گیرائی دونوں خط نصف النہار پر ہیں۔ لفظوں
برتاؤ کا زبان پر قدرت اور قافیوں کی دست بوسی ندیم کی اپنی اچھوتی فکر کی علامت ہیں
زیزی رؤف ارسلان نے "جشن خیرات ندیم" کے موقع پر بڑی حسرت سے ندیم سے متعلق اپنے
ب جائزہ میں لکھا تھا کہ ہم جس شخصیت کا جشن منا رہے ہیں کاش اسکی تخلیق بھی کتابی شکل میں
رے ہاتھوں میں ہوتی۔ پتہ نہیں تمنا کا یہ کونسا روپ تھا۔ خواہش کی کیسی تڑپ تھی، طلب
یہ کونسا انداز تھا اور کیسی دل کی پکار تھی کہ صرف ایک دہے کے مختصر سے عرصہ میں خیرات ندیم
پہلا نہیں تیسرا مجموعہ کلام "اوراق گل" کے عنوان سے ہمارے ہاتھوں میں ہے۔

حال کی دیواروں کے پیچھے مستقبل کے چہرے پر نہ جانے ایسی کتنی تمنائیں حقیقت
کر مُسکرا رہی ہیں یہ کوئی نہیں جانتا۔ اوراق گل کا مسودہ ہاتھ میں کیا آیا کہ اپنے آپ پر قابو نہ رہا
ی نہ سوچا کہ گلوں کی نازک پنکھڑیوں کے پیچھے کیسے کیسے زہریلے کانٹے ہوں گے اور اس کا اندازہ
، وقت ہوا جب میں نے ایک حسین پھول کی نشیلی پنکھڑی پہ اپنے لب رکھ دیئے جبکہ حافظ شیرازی
صدیوں پہلے تاکید کر رکھی تھی۔

مبوس جز لب معشوق و جامِ مئے حافظ

بے ساختہ سرزد ہونیوالی خواہش کا نتیجہ سامنے تھا۔ پہلے صرف تشنگی تھی لیکن اب تشنگی میں نمک بھی گھل گیا تھا۔ لپنے میں خون کی ٹیکس لیکر ہونٹوں سے زبان پر آئی اور پھر زبان کے زریعہ دل میں اتر گئی دماغ سنسنا اٹھا' سسکاری ہونٹوں سے نکلی اور ردّ عمل کے طور پر صرف ایک ہی بات زبان پر آئی کہ "سچائیوں کا دوسرا نام خیرات ندیم ہے"۔ صرف خیرات ندیم

اور جب کہ دوسری سچائیوں کے ورق اُلٹے' خیرات ندیم کے پڑھنے اور سمجھنے کیلئے تو خیرات ندیم ہی کے مشورہ کو سامنے رکھنا پڑا۔ کیوں خیرات ندیم ہی نے اپنے ہر قاری کو بڑے خلوص سے یہ مشورہ دیا ہے کہ ؎

سنبھل سنبھل کے پڑھو احتیاط سے اُلٹو

حیاتِ شوق ہے بوسیدہ ہر ورق کی طرح

حیاتِ شوق کی بوسیدگی پر دل کی گہرائیوں نے ندیم کے عمیق مطالعہ کی نشاندہی کی اور یہ محسوس ہوا کہ ندیم اس بات سے باخبر ہے کہ پرانے اندھیرے نئے چراغوں کی کھوج میں ہیں۔ اس حقیقت سے بھی واقف ہے کہ پرانے عہد سے نئے عہد کا رشتہ ضرور ہوتا ہے۔ اور نیا عہد بھی پرانے عہد کے ارتقاء کا نتیجہ ہے۔ چراغ سے چراغ جلتے رہتے ہیں۔ اور روشنی کا ایک تسلسل ہے جو ادب و فن کی تاریخ میں نشیب و فراز کے ساتھ برابر آگے بڑھتا چلا آرہا ہے۔ جغرافیائی حالات' تہذیبی ورثے' قوموں کے عروج و زوال کے علاوہ ثقافتی اور سائنسی تبدیلیوں کو بھی ادب و ارتقا میں بہت بڑا دخل ہے۔ وحشت کے بعد دورِ عتیق سے اب تک عہد کے بور ژوا عہد تک شخصی اقتدار جاگیردارانہ نظام' مذہبی تصورات اور مذہبیت' مادی وسائل' معاشی نظامِ حیات' انقلابی تحریکات مختلف نظری عملی علوم کے آثار ادب وارتقا کی تہوں میں پنہاں ہیں وہ اس بات سے بھی آشنا ہے کہ آج کا انسان سائنسی اور جمہوری دور میں سانس لے رہا ہے۔ سائنسی ارتقاء کے سہارے نئے نئے ستاروں میں خوابوں کی نئی عمارتوں کی جلوہ گری میں گم ہے ندیم کے ان سارے احساسات کو ہمیں سامنے رکھ

ہی ندیمؔ کا مطالعہ کرنا ہوگا۔ ندیمؔ کی پوری شاعری سے جو تصور ملتا ہے وہ یہی ہےکہ آج بھی اہلِ بصیرت کے پیچھے لوگ صلیبیں اٹھائے چل رہے ہیں۔ آج بھی یوسف اسیرِ زنداں ہے۔ آج بھی ہر حسین کے پیچھے ایک یزید ہے۔ آج بھی مولائے کائنات کے قاتل شہادت کی عظمت سے نا آشنا خنجر بکف گھوم رہے ہیں۔ آج بھی ہر موسیٰ ایک فرعون سے نبرد آزما ہے اور آج بھی نارِ نمرود ابراہیم کے تعاقب میں ہے۔

خیرات ندیمؔ آج کا شاعر ہے۔ اس معاشرے کا شاعر ہے جس معاشرے میں اگر کوئی اپنی فطری صلاحیتوں کی بدولت دو گز زمین سے اونچا اٹھتا ہے تو حالات اسے چار گز زمین کے اندر دھنس جانے پر مجبور کر دیتے ہیں۔ لیکن وہ فنکار جو اپنی ذات میں تنہا رہ کر بھی ایک انجمن ہو جس کی بزمِ یاراں میں نہ عمرِ رفتہ کا ملال ہو اور نہ ہی مستقبل کے اندیشے ایک سانس میں بدن کی ناقابلِ فہم سوزش اور پرکٹ جانے کا تذکرہ اور دوسری سانس میں ایک ایسی شگفتہ بات کے مجھ جیسے "خشکے" بھی دل کی گہرائیوں سے قہقہہ لگانے پر مجبور ہو جائیں وہ بھلا حالات کا اسیر ہو سکتا ہے؟

میری پرزور خواہش ہے کہ خیرات ندیمؔ کے قاری ندیمؔ کو اس تو کھٹے میں رکھ کر پڑھیں۔

عجیب حال تھا دانشوروں کے جسموں پر ٭ تمام لفظ تھے مفہوم کا لباس نہ تھا
نگاہ اب بہت اکتا گئی کتابوں سے ٭ چلو خطوطِ بدن کی جہاں نمائش ہے
ہم تو سمجھ رہے تھے یہ سایہ دار ہوں گے ٭ لیکن ہمارے رہبر سوکھے درخت نکلے
ملا جو وقت تو تنہائیوں میں صحرا میں ٭ ہم اپنے آپ سے خود صورتِ سوال ملے
بجھا بجھا سا وہ فانوسِ آرزو کا چراغ ٭ لٹا لٹا سا وہ گھر گھر مری نگاہ میں ہے
مری حیات فروزاں ہے بعض دوراں میں ٭ مرے جنوں کا مقدر مری نگاہ میں ہے
خیال و فکر کے زخموں سے جھانکتے چہرے ٭ مرے خلوص سے اب انحراف کیا کرتے
نظر فریب اُجالوں کے اجنبی لمحے ٭ ہمارے جرمِ وفا کو معاف کیا کرتے

دینِ محمدیؐ میں رواں جن کا خون ہے ÷ وہ روحِ انقلاب ہیں مولائے کائنات
یہ جو تاریخ کے ماتھے پہ شکن آئی ہے ÷ میری رسوائی نہیں عہد کی رسوائی ہے
آج حالات کے پتھراؤ میں ہر زخم مرا ÷ جانے کیا بات ہے خاموش تماشائی ہے
اک عمر سے جلتی ہوئی یادوں کی گلی میں ÷ خوشبو ہے وفا ہے نہ کوئی نقشِ قدم ہے
کتنی راہ گم کردہ ہیں قیادتیں اب بھی ÷ اپنی جرأتیں شاید پھر فریب کھاتی ہیں
آپ کو دکھاوے گا خود شعورِ جمہوری ÷ آپ کی قیادت کا روپ کتنا سادہ ہے
میں نے غم سہے کتنے اب بساطِ الفت کا ÷ وہ میری نوازش تھی یہ میرا ارادہ ہے
پھانسیوں کے سائے میں شب کو طول دیتے ہو ÷ اس طرح کی باتوں سے کیا سحر نہیں ہوتی
وقت سادہ لوحی سے انتقام لیتا ہے ÷ وقت کے تقاضوں پہ جب نظر نہیں ہوتی
پُر کشش ہے کچھ اتنی منزلِ غمِ ہستی ÷ اب نظر نہیں جاتی چاند تک ستاروں تک
جستجو کی منزل میں وہ بھی ایک دھوکا تھے ÷ میں ندیم لوٹ آیا جاکے جن سہاروں تک
وہاں اٹھائی ہیں تحسین نغر تو لگی دیواریں ÷ جہاں معاملے دستِ عبا قبا کے چلے
کیا تعمیر کا انداز نیا ہے کہ نہیں ÷ شہر میں گھومتے پھرتے ہیں جو ویرانے سے
عہدِ حاضر کے کئی زخم لئے پھرتا ہوں ÷ کونسا وصف چھپا ہے ترے دیوانے سے
اب پھانسیوں کی چھاؤں میں دیکھو زبان کو ÷ دانشورانِ اردو زباں خیریت سے ہیں
ہم نے کتنی تہذیبیں دور کو عطا کی ہیں ÷ ہم بہت ہی واقف ہیں وقت کے قرینوں سے
وہی عالم ہے وہی تلخیٔ دوراں ہے وہی ÷ کون کہتا ہے کہ انسان کے غم بدلے ہیں
نگہِ غیر کے زخموں کی شکایت کیا ہو ÷ آج اپنوں ہی کے اندازِ کرم بدلے ہیں
سامنے اپنے بھی ہے آئینۂ وقت ندیم ÷ ہم بھی بدلے ہیں مگر آپ سے کم بدلے ہیں
ہوش مندوں نے کہا ہر بزدلی کو مصلحت ÷ جانبِ مقتل گئے تو صرف دیوانے گئے
جب کسی تاریخ کے سینے پہ خنجر چل گیا ÷ ہر حقیقت چھپ گئی لوگوں تک افسانے گئے
ڈھیروں ہیں کتابوں کی ملا ہے نہ ملیگا ÷ وہ علم جو انسان کے چہرے پہ لکھا ہے
امروز کی قیمت ہے ندیم اپنی نظر میں ÷ سوچو تو یہ امروز ہی فردا کا خدا ہے

جنوں میں وقت کی بنضوں میں دشتِ امکاں میں ؛ کہاں کہاں غمِ جاناں مری تلاش میں ہے
نہ میں ولی نہ پیمبر نہ کوئی مصلحِ قوم ؛ تو کیوں یہ گردشِ دوراں مری تلاش میں ہے
حالات کے پھیلے ہوئے مقتل میں کھڑا ہوں ؛ جو زخم ہے ناکردہ گناہی کی سزا ہے
سر چھپانے کیلئے اک گھر تھا وہ بھی ڈھیر ہے ؛ آنے جانے کیلئے لوگوں کو رستہ ہو گیا

یہاں میں اس روایتی انداز کو مناسب نہیں سمجھتا کہ اپنی تحریر میں ندیم کے متفرق منتخب اشعار آپ کی توجہ کیلئے لکھوں اور ان کے ذریعہ پیدا ہونے والے اپنے تاثرات کا اظہار کرتے ہوئے ان تاثرات کو آپ پر مسلط کر دوں۔ لیکن بجائے اس کے میں نے یہ مناسب سمجھا کہ تحریر کے اختتام سے پہلے ندیم کے چند متفرق اشعار ایک جگہ لکھ دوں جنھوں نے مجھے زخمی کیا۔ میری روح کو وجدان بخشا، میرے دل کی گہرائیوں میں چھپے ہوئے بت کو میری جاگتی آنکھوں کے سامنے لا کھڑا کیا۔ میری انا کو جھنجھوڑا، میری رندی و مستی میں رنگ بکھیرے، میرے کانوں میں صوت و آہنگ کی لوریاں بھر دیں۔ اور میرے ذہن کو سوچنے پر مجبور کرنے کے ساتھ ساتھ مجھے یہ احساس بھی دلایا کہ

وہ فنِ آذری پہ بولتے ہیں ؛ جن کو احساسِ رنگ و بو بھی نہیں (ندیم)

پتہ نہیں مندرجہ بالا چند شعر جب آپ کی نظر سے گذر رہے ہیں، تو آپ کے تاثرات کیا ہیں۔ اور آپ کو کہاں کہاں لے گئے ہیں۔ یہ آپ جانیں میں نے تو اپنے فرض کی تکمیل کر دی۔

وما علینا الا البلاغ

فقیر حاذق طیفوری القادری
بمبئی ۵ مارچ ۱۹۸۷ء

کہتا ہوں سچ کہ.....

آج اُردو زبان کے ساتھ پورے ملک میں جو ناانصافی ہو رہی ہے۔ وہ ایک کھلی حقیقت ہے۔ مذہبی تعصب تو کوئی تعصب ہی نہیں ہوتا اس لئے کہ آدمی جب چاہے اپنا مذہب بدل لے جو چاہے اپنا مذہب اختیار کرے۔ لیکن دنیا کا بدترین تعصب لسانی تعصب ہوتا ہے۔ اس لئے آدمی مذہب تو بدل سکتا ہے مگر اپنی مادری زبان نہیں بدل سکتا اور ہمارے ملک کے علاقائی زبانوں کے بولنے والے اُردو زبان کے ساتھ بدترین سلوک کر رہے ہیں۔ اور لسانی علاقائی تعصب کو کھل کر ہوا دی جا رہی ہے۔

اُردو زبان کے بارے میں حکومتیں، بڑے بڑے دانشور، اُردو زبان کے کارکن، اور جن کی اُردو زبان مادری نہیں ہے۔ وہ بھی اپنی دانست میں یہ سمجھے ہوئے ہیں کہ وہ زبان کی بڑی خدمت انجام دے رہے ہیں حالانکہ وہ اُردو زبان کے نام پر روٹی کھا رہے ہیں اور بڑے مزے میں زندگی گذار رہے ہیں۔

ایسے میں کسی اُردو کی کتاب کا شائع ہونا اور وہ بھی شعری مجموعہ کا؟ آپ خود اندازہ کیجئے کہ یہ کس قدر مشکل ہے۔ اور پھر اسکی نکاسی جب کہ ہماری نئی نسل اُردو زبان سے قطعی واقف نہیں۔ میں سمجھتا ہوں کہ ہم آخری پیڑھی ہیں۔ اس کے بعد اُردو زبان ادب و تمدن کی زبان نہیں صرف بول چال کی زبان رہ جائیگی۔ (خدا نہ کرے ایسا ہو) مگر کم از کم میں تو نا اُمید ہوں۔

اب میں اپنی کتاب کے بارے میں کچھ عرض کرونگا کہ "اوراقِ گل" میں صرف غزلیں ہیں لیکن جب آپ کے ہاتھوں میں مجموعہ شعر "اوراقِ گل" پہنچیگا تو آپ محسوس کریں گے کہ اس میں کس قدر تلخیاں، وقت و حالات کا کرب اور حقیقی مشاہدے ہیں جنہیں میری فکر نے شعر کا روپ دیا ہے۔ اور کہیں کہیں آپ کو تغزل بھی مل جائے گا۔

"صفِ مژگاں" میرا پہلا شعری مجموعہ ہے جسے اُردو ادبی ٹرسٹ حیدرآباد نے اپنے مکمل خرچ کے ساتھ شائع کیا۔ اور سب سے پہلے بہار اردو اکیڈمی نے "صفِ مژگاں" پر اپنے ایوارڈ کا اعلان کیا۔ اور پھر اس اعلان کے چار ماہ بعد اردو اکیڈمی آندھرا پردیش نے اپنے پہلے درجہ کے ایوارڈ سے نوازا۔ بہار اردو اکیڈمی نے بذریعہ خط اور اخبارات کے ذریعہ "صفِ مژگاں" پر اپنے ایوارڈ کا بڑے نمایاں انداز میں اعلان کیا۔ مگر کچھ دنوں بعد بہار اُردو اکیڈمی سے مجھے ایک خط ملا کہ آپ کو ایوارڈ کی رقم ملے گی نہ توصیف نامہ اس لئے ہمارے دستور کے مطابق ہم کسی ایوارڈ یافتہ کتاب کو ایوارڈ نہیں دیتے۔ میں نے حقیقت ان کے سامنے رکھ دی کہ اُردو اکیڈمی بہار کے اعلان کے چار ماہ بعد اُردو اکیڈمی آندھرا پردیش نے مجھے ایوارڈ دیا ہے۔ اس سلسلے میں متعدد خطوط لکھے اور توجہ دلانے کے باوجود بہار اردو اکیڈمی کے کارکنوں نے جواب دینے کی زحمت گوارا نہیں کی۔ یہ حکومت کی بھیک پر زندہ رہنے والے ادارے جو ادیبوں، شاعروں، دانشوروں کو نوازتے ہیں۔ اور ہمارے اخبارات ان کی تشہیر میں آگے آگے رہتے ہیں۔ آخر ان کا کوئی گرفت کرنیوالا بھی ہے۔

"صفِ مژگاں" جب میرا پہلا مجموعہ شائع ہوا۔ تو اُردو ادبی ٹرسٹ حیدرآباد کے معتمد عمومی محترم عابد علی خاں صاحب نے تمام مجموعے میرے حوالے کر دیئے نہ صرف یہ ہوا بلکہ۔۔ "صفِ مژگاں" کے حقوق بھی میرے نام کر دیئے گئے۔ میں بہت خوش تھا کہ کئی برس بعد میرا مجموعہ شائع ہوا۔ اس سے مجھے پذیرائی بھی ملے گی۔ اور مالی منفعت بھی ہوگی۔ پذیرائی ملی اور۔ بہت ہی اچھے تبصرے بھی شائع ہوئے ہمارے سامعین، چاہنے والے، احباب نے تو کہا کہ

خیرات ندیم تو شاعری لوٹنے والا شاعر ہے۔ خوب لکھتا ہے خوب پڑھتا ہے اس کا مجموعہ تو ہاتھوں ہاتھ جائے گا۔ بعد بالکل ایسا ہی ہوا۔ بہت سے مجموعے ہاتھوں ہاتھ گئے مگر تحفتاً۔ اور جو فروخت ہوئے یقیناً فروخت ہوئے ہوں گے۔ ان کے دام بھی ہاتھ نہ آسکے۔ احباب کا عزیزوں کا شاگردوں کا تقاضہ کہ ہمیں آپ کا مجموعہ تو ملا ہی نہیں (جبکہ ہر کتب فروش کی دکان پر موجود تھا) مگر ہم بھی فراخ دلی سے تحفتاً دیتے چلے گئے۔ اب ہمارے پاس اپنے لئے صرف ایک جلد باقی رہ گئی ہے۔

دوسرا مجموعہ "موبافِ سحر" ۱۹۷ء میں نظامس اُردو ٹرسٹ اور اردو اکیڈیمی آندھراپردیش کی مالی اعانت سے شائع ہوا۔ جس میں نظمیں اور "صفیرِ گل" کی اشاعت کے بعد کا کلام ہے۔ "موبافِ سحر" کو اُترپردیش اُردو اکیڈیمی نے ایوارڈ سے سرفراز کیا۔ یہ مجموعہ فروخت بھی ہوا۔ محکمۂ تعلیمات حکومت آندھراپردیش نے بھی کئی جلدیں خریدیں اور اُن کے مدارس کے کتب خانوں تک یہ کتاب پہنچ گئی۔ بہرحال میں اس مجموعہ "موبافِ سحر" سے نقصان میں نہیں رہا۔ ایوارڈ سے لے اچھے تبصرے آئے تحفتاً بھی تقسیم ہوئے۔ میرے یہاں اب اس کی ایک جلد ہے۔ اور دوستوں کے تقاضے برابر ہیں۔ کتب فروش بھی پوچھتے ہیں۔ مگر یہ حقیقت ہے کہ "موبافِ سحر" کی کچھ جلدیں میرے ایک دوست کے یہاں ہیں۔ اس وقت وہ بیرونِ ملک ہیں اگر وہ آجائیں تو یقیناً پڑھنے والوں تک پہونچادوں گا۔

اب آپ کی خدمت میں میرا تیسرا مجموعہ "اوراقِ گل" ہے۔ یہ اُردو اکیڈیمی آندھراپردیش کی جزوی امداد اور میرے دوستوں، چاہنے والوں کی مالی اعانت سے شائع ہوا ہے۔ بہت دنوں سے علیل ہوں اور مولانا شبلی نعمانی کی طرح معذور بھی۔ دواخانہ اسرہی میں میرے ہمدم دیرینہ برادرم سرنیواس لاہوٹی نے شریک کردیا۔ اور ڈاکٹر سید عبدالمنان صاحب کی مکمل توجہ سے علاج جاری ہے۔ ڈاکٹر علی محسن صاحب کا تو میں پرانا مریض ہوں وہ بھی اپنی توجہ دیتے رہتے ہیں۔ دواخانہ میں بھی میرے دوست میر برہان علی خاں کلیم اور

اشتہر ندیمی کی مکمل اور بے غرض کوششوں سے کتابت اور صحتِ کتابت کا کام جاری رہا۔ اگر یہ دونوں حضرات کا خلوص، محبت، لگن شاملِ حال نہ ہوتی تو یہ مجموعہ "اوراقِ گل" محرومِ اشاعت رہتا۔ میں اپنے ان دوستوں، مخلصین اور چاہنے والوں کو اپنی آخری سانس تک نہیں بھول سکتا۔ جنہوں نے دامے درمے میری مدد کی۔ ان میں میری بہن پروفیسر ڈاکٹر نیّر جہاں نیّر جو سانتا مونیکا امریکہ میں ہے۔ میرے دوست نواب غلام عمر خاں، ستار صدیقی اور برہان علی خاں کلیم ہیں۔

یوں تو میری تمام ملازمتی عمر محکمۂ تعلیمات حکومت آندھرا پردیش میں گذری تیس برس تک پڑھنے پڑھانے سے وابستہ رہا۔ سینکڑوں شاگرد ہیں۔ جو ہر شعبۂ حیات میں ملیں گے۔ اور جب بھی ملتے ہیں اُسی محبت اور سعادت مندی سے ملتے ہیں۔ البتہ شاعری میں میرا کوئی شاگرد نہیں ہے۔ اور کسی نے مجھ سے مشورہ کیا بھی ہے تو میں اسے اپنا دوست سمجھتا ہوں خواہ وہ کسی عمر کسی رتبے عہدے یا منصب پر فائز ہو۔ میں شاعری میں کسی کو اس لیے شاگرد نہیں کہتا کہ یہ قبیل بڑی کم مایہ سازشی ذہن رکھنے والے اور ان کا خمیر احسان کشی سے گوندا ہوا ہوتا ہے۔ اور جو یہ کہتے ہیں کہ ہم خیرات ندیم سے مشورۂ سخن کرتے ہیں تو وہ نہ صرف شریف النفس بلکہ شریف النسب بھی ہیں۔

اہم بات تو اس کتاب کا مقدمہ ہے۔ جسے میرے محترم کرم فرما علامہ حاذق طیفوری نے لکھا ہے۔ جن کا میں پسندیدہ شاعر بھی ہوں اور دوست بھی۔ اس مقدمہ میں مجھ سے زیادہ ان کی مرضی کو دخل ہے۔ علامہ حاذق طیفوری ہمیشہ اپنے چاہنے والوں میں گھرے رہتے ہیں۔ ان کو اس گھیراؤ سے نکال کر مقدمہ لکھوانا میرے دوست رؤف ارسلان کا عجوبہ نما کارنامہ ہے۔ "اوراقِ گل" کا سرِ ورق ملک کے ممتاز اور مشہور آرٹسٹ سعادت علی خاں نے بنایا ہے۔ جو میرے خرد بھی ہیں اور دوست بھی۔

میرے دوستوں میں بھائی امیر احمد خسرو اور سیّد واحد علی صاحبان جو

اپنے مشوروں سے نوازتے رہے۔ اور کہتے، ہے کہ کیا سوچتے ہو تمہارا مجموعہ "اوراقِ گل" چھپ کر رہے گا۔ ہو سکتا ہے یہ میرا آخری مجموعہ ہو۔ اور اگر جی گیا تو ایک اور مجموعہ پیش کروں گا۔ میں اُن تمام دوستوں اور مخلصوں کا ممنون و مشکور ہوں جن کی کاوشوں نے "اوراقِ گل" کی اشاعت میں اپنا قیمتی وقت دیا اور ہر طرح کی مدد فرمائی۔

آپ کی دعاؤں کا طالب

خیرات ندیم

۱۱ مارچ ۱۹۸۷ء

وہ تجربات قرض کی صورت بنامِ شعر
اوراقِ گُل کی شکل میں لوٹا رہا ہوں میں

(خیرات ندیم)

مالکِ ارض و سماء

ذرّہ ذرّہ میں تیری رعنائی
تجھ سے وابستہ ہر مسیحائی

تو ہر اک کا نوشتۂ تقدیر
سائے عالم میں بس تری تنویر

ہر نبی، ہر رسول تجھ سے ہے
رحمتوں کا نزول تجھ سے ہے

صرف دنیا میں اک سچائی ہے
ہر بڑائی تری بڑائی ہے

کس زباں سے کریں گے تری ثنا
مالکِ کل جہان و ارض و سماء

جلوۂ حق کی جو صورت میں چلی آئی ہے
دو جہاں میں مرے سرکار کی رعنائی ہے

ظلمت و کفر کی جب سر پہ گھٹا چھائی ہے
ساری دنیا نے اسی در پہ اماں پائی ہے

روشنی بانٹتا ہے نقشِ کفِ پائے رسول
ایسے جلووں پہ تصدق مری بینائی ہے

احترام اُن کا بھی لازم ہے جو ہیں اہلِ کتاب
سارے نبیوں میں محمدؐ ہی کی یکتائی ہے

یہ بتا دوں کہ علاجِ دلِ مضطر کے لیے
دامنِ آلِ محمد میں شکیبائی ہے

ہر نفس جیسے معطر ہوا محسوس مجھے
آج خوشبوئے مدینہ جو صبا لائی ہے

اپنی دیوانگی رسوائی پہ نازاں ہوں ندیم
دل فقط عشقِ محمدؐ ہی کا سودائی ہے

رحمت اللعالمین

آپ ہیں خیر البشر یا رحمت اللعالمین
ہم پہ بھی ہو اک نظر یا رحمت اللعالمین

آپ کے ادنیٰ غلاموں پر عتاب و قہر ہے!
جل رہے ہیں گھر کے گھر یا رحمت اللعالمین

آگ کو یہ حکم ہو گلزار بن جائے ابھی
تشنگی ہے اسقدر یا رحمت اللعالمین

آپ کی امت کئی خانوں میں اب تقسیم ہے
کھو گئی ہے رہگذر یا رحمت اللعالمین!

نام لیوا آپ کے اور آپ ہی کی آل کے
ہو نہ جائیں در بدر یا رحمت اللعالمین

خانقاہیں گو نجتی ہیں ساز کی آواز پر
سب کے سب ہیں بے خبر یا رحمت اللعالمین

چھن گئی ہے ہم سے شائد اب صراطِ مستقیم
گمرہی میں ڈوب کر یا رحمت اللعالمین

یہ عبائیں یہ قبائیں آج بھی خاموش ہیں
مصلحت کے نام پر یا رحمت اللعالمین ۔

کی ہے توبہ آپ کے صدقے میں ہو جائے قبول
ہو دعاؤں میں اثر یا رحمت اللعالمین

ایک ہی سجدے میں کہہ دوں گا میں رودادِ حیات
مختصر سی مختصر یا رحمت اللعالمین

روضۂ اقدس کا میں بھی تو نظارا کر سکوں
ہو اگر اذنِ سفر یا رحمت اللعالمین

اب ندیمِ خستہ جاں کا بس وظیفہ ہے یہی
لب پہ ہے شام و سحر یا رحمت اللعالمین

جن کے دلوں پہ نقش ہے قرآنِ بوتراب
حاصل ہے ان کو آج بھی عرفانِ بوتراب
سمجھو کہ اس کے زیرِ قدم آسمان ہے
ملجائے جسکو سایۂ دامانِ بوتراب

مولائے کائینات

آپ اپنا خود جواب ہیں مولائے کائینات
حق کی کھلی کتاب ہیں مولائے کائینات

اللہ کے شیر دینِ محمدؐ کی آبرو!
علم و عمل کا باب ہیں مولائے کائینات

یوں ظلمتوں میں نور کی کرنیں بکھیر دیں
ہر رخ سے آفتاب ہیں مولائے کائینات

آئینۂ صفات پہ کیسا گرد آسکے
کس درجہ بے نقاب ہیں مولائے کائینات

جلتا ہوا چراغِ نبوتؐ ہے ساتھ ساتھ
عقبیٰ کی آب و تاب ہیں مولائے کائینات

اس عظمتِ نگاہ پہ قربان جایئے
قدرت کا انتخاب ہیں مولائے کائنات

مجھ پر کئی سوال اٹھے صورتِ عتاب
میرا فقط جواب ہیں مولائے کائنات

کیا پوچھتے ہو مجھ سے شریعت کے باب میں
آئین ہیں نصاب ہیں مولائے کائنات

دینِ محمدی میں رواں جن کا خون ہے
وہ روحِ انقلاب ہیں مولائے کائنات

ہے آسماں اپنی بلندی سے سجدہ ریز
بے شک ابو تراب ہیں مولائے کائنات

ہوں بندۂ علی مجھے کیا خوف ہے ندیم
جب خالقِ ثواب ہیں مولائے کائنات

حسین کا نام

وفا ہے صبر ہے ایقان ہے حسین کا نام
حدیثِ درد ہے قرآن ہے حسین کا نام

وہ دل جو غم کی امانت ہے اس پہ ابھریگا
ظہورِ عظمتِ ایمان ہے حسین کا نام

جو ایک فلسفۂ درد ہے تصوف ہے
شعورِ ذات کا عرفان ہے حسین کا نام

وجودِ قوتِ باطل پہ ضرب کاری ہے
نویدِ فتح کا اعلان ہے حسین کا نام

اصولِ دینِ محمدؐ کا ذکر جب بھی چھڑے
تو مان لیجئے فرمان ہے حسین کا نام

پھر ایک بار بتا دوں یہ بات دنیا کو
مآلِ دین کا عنوان ہے حسینؑ کا نام

رسالتوں کا مقدر بھی جسکو پا نہ سکا !
وہ امتیاز دہ پہچان ہے حسینؑ کا نام

پکارو رنج و الم میں پکارو غربت میں
بہت ہی سہل ہے آسان ہے حسینؑ کا نام

ندیم میری عبادت ہے اہلِ بیت کا ذکر
مری نجات کا سامان ہے حسینؑ کا نام

عرشِ معلیٰ ہے کربلا

اک حجتِ تمام کا قصّہ ہے کربلا
معراجِ غم کی شب کا اجالا ہے کربلا

حرفِ جلی سے سینوں پہ لکھا ہے کربلا
یہ صرف اہلِ بیت کا حصّہ ہے کربلا

کردارِ حق میں آج تک اونچا ہے کربلا
اور سیرتِ حسین خلاصہ ہے کربلا

اکبر کا قتل سرورِ کونین کا ہے قتل!
میرے رسولؐ کا یہ سراپا ہے کربلا

جن کے قدوم پاک نے دی عمرِ جاوداں
فرشِ زمیں پہ عرشِ معلیٰ ہے کربلا

دانشورانِ دین و مذاہب سے پوچھئے
کس کی عطائے خاص کا منشا ہے کربلا

آنسو تو وہ ہیں جو غمِ شبیر میں بہیں
آنسو کی بوند بوند پہ لکھا ہے کربلا

درسِ حیات، شانِ نبوت، وفا کی لاج
عزم و یقین و صبر ہے کیا کیا ہے کربلا

آنکھوں میں اب بھی کتنے سمندر ہیں موجزن
لیکن ہمارا پیاس سے رشتہ ہے کربلا

جو جانتے نہیں حق و باطل کے فرق کو
ان کے لئے تو اب بھی تماشہ ہے کربلا

تاریخ حادثات سے معمور ہے مگر
اپنی شناخت میں تو اکیلا ہے کربلا

اوراقِ کائنات پہ لکھا گیا ندیم
تکمیلِ دیں کا آخری حصہ ہے کربلا

سنبھل سنبھل کے پڑھو احتیاط سے الٹو
حیاتِ شوق ہے بوسیدہ ہر ورق کی طرح

ہم ایک عہد ہیں تاریخ ہیں زمانہ ہیں
ہمیں بھی یاد کروگے کسی سبق کی طرح

(خیرات ندیم)

تجرباتِ شعر و فن میں اب کوئی بھی شک نہیں
لفظ و معنیٰ سے بغاوت یہ مرا مسلک نہیں

آتشِ عشق و محبت کو مقدر چاہیئے
کون کہتا ہے کہ غم کی آگ میں ٹھنڈک نہیں

کب مجھے باہوں کی جنت سے بلاوا آئے گا
کیا درِ دل کے مقدر میں کوئی دستک نہیں

روشنی کی بات کرتے ہیں اندھیروں کے مکیں
جن کے ذہن و دل میں روشن ایک بھی دیپک نہیں

ہم کھلے دل کی حقیقت سے بہت نزدیک ہیں
محفلِ زنداں میں دل کا کھوٹ تو بے شک نہیں

اپنے چھوٹوں کو بھی اپنا قد عطا کرتے ہیں ہم
ہمنشینوں سے بھی اپنی آج تک چشمک نہیں

میرا معیار سخن سچائیوں کا حسن ہے!
مصلحت کا کوئی دھبہ فکر پر اب تک نہیں

اپنا اک اسلوب ہے لہجہ ہے جادہ ہے ندیمؔ
اپنی ہر تخلیق ہے تخلیق لے پالک نہیں

○

○

عہد کا ذہن ہے اس میں مرا کچھ دوش نہیں
خود فراموش ہوں احسان فراموش نہیں

تشنگی صدیوں سے ہے دل بھی ہے پہلو میں مرے
میں تہی جام ہوں لیکن تہی آغوش نہیں

کوئی آنکھوں سے کوئی جام سے پی جاتا ہے
اب یہاں کون بچا ہے جو بلانوش نہیں

کچھ نگاہوں سے بھی الفاظ ادا ہوتے ہیں
ویسے لفظوں کی زباں میں بھی خاموش نہیں

رونقِ دار و رسن پر ہیں خزاں کے سائے
جوش تو باقی ہے دیوانگیٔ جوش نہیں

ہم تو ان چہروں کی تحریر بھی پڑھ لیتے ہیں
ایسے چہرے جو نقابوں میں بھی روپوش نہیں

وقت و حالات نے کس درجہ کیا ہے پامال
ہوشمندوں میں بھی شائستگیٔ ہوش نہیں

کبھی دل شکنی گوارا ہی نہیں ہم کو ندیم
اپنا مسلک کسی صورت میں جفا کوش نہیں

قطعہ

زندگی کے غم و مسرت کو
ایک شاعر ہی تول سکتا ہے
اور پھر وقت کی زبان بن کر
دل ہر زخم بول سکتا ہے

○

خزاں کے عہد میں بھی دل مرا اداس نہ تھا
بہار آئی مگر ہاتھ میں گلاس نہ تھا

وہ ایک آنسو جو آ کر رکا سرِ مژگاں
وہ اور کیا تھا اگر غم کا اقتباس نہ تھا

خرد کا صدیوں سے ہے مصلحت سے سمجھوتہ
تجھے بھلانے کا لمحہ جنوں کے پاس نہ تھا

عذابِ تلخیٔ دوراں سے بارہا گذرا!
مرا وجود مگر پھر بھی غرقِ یاس نہ تھا

مسرتوں سے ملاقات بھی رہی لیکن
مرا مذاق کبھی غم سے ناشناس نہ تھا

غموں کی دھوپ میں گذری مگر یہ کیا کم ہے
سوائے تیرے کوئی دل کے آس پاس نہ تھا

وہ آج ہم کو سکھاتے ہیں زیست کے آداب
کبھی سلیقے سے جینا بھی جنکو راس نہ تھا

عجیب حال تھا دانشوروں کے جسموں پر
تمام لفظ تھے مفہوم کا لباس نہ تھا

سجی تھی بزمِ سخن اور سب کے سب تھے مگن
ادب شناس تھے کوئی ادا شناس نہ تھا

ندیمؔ کب سے ہے حالات کے دوراہے پر
یہ وقت اب سے کبھی اتنا بدحواس نہ تھا

○

میں اُن کو شعر کے سانچوں میں ڈھال لیتا ہوں
بکھر نہ جائیں کہیں زندگی کے افسانے

○

یہ زندگی تو ساتھ چلی ساتھ ہی رہی
پھر بھی تمام عمر مگر اجنبی رہی

الفاظ کے مزاج سے جب آگہی رہی
لب ہو گئے خموش نظر بولتی رہی

اک درد ناتمام ملا بھی تو کیا ملا
قسمت میں جو کمی تھی سو باقی کمی رہی

جب میں نے غم کو اپنا مقدر بنا لیا
گھبرا کے ہر خوشی مرا منہ دیکھتی رہی

کتنے نقاب چہروں سے میں نے الٹ دیئے
پھر بھی زمانے بھر سے مری دوستی رہی

آہیں جو لب پہ آئیں تو یخ بستہ ہو گئیں
پلکوں پہ تیری یاد بھی کچھ شبنمی رہی

تاریکیوں نے گھیر رکھا تھا حیات کو
لیکن خیالِ یار تیری روشنی رہی

جب بھی صدائے دوست پہ اٹھے مرے قدم
دیوار بن کے سامنے دنیا کھڑی رہی!

افلاک پر کمند تو پھینکی گئی ندیم
صدیوں کا کرب لے کے زمیں چیختی رہی

دو شعر

کن نگاہوں نے مری زیست میں ڈالی ہلچل!
وہ اڑا کاگ گھٹ ڈل میں ٹوٹی بوتل!
میر پونجی ہیں یہی اشک جو ہو جائیں قبول
مرے ہر اشک کے قطرے میں ہے اک تاج محل

○

اگر یہ جبرِ مسلسل ہی قدرِ عالی ہے
تو آج ہم نے بھی رسمِ وفا اٹھالی ہے

گلے کے زور پہ اک راہ تو نکالی ہے
درِ غزل پہ کھڑا داد کا سوالی ہے

روائیتوں کے جنازے اُٹھائے پھرتے ہیں
یہاں تو کاسۂ فکر و نگاہ خالی ہے

جمالیات کے روندے ہوئے تمام خیال
مگر سنانے کا انداز تو جلالی ہے

حصار کھینچ کے مخصوص چند لفظوں کا
سخنوری تو نہیں یہ فقط جگالی ہے

مہکتے زخم نہ ندرت نہ کوئی طرز و ادا
زمینِ شعر میں بھی جیسے خشک سالی ہے

بڑے خلوص سے ملتے ہیں مصلحت زادے
ہے روپ ان کا نرالا ادا نرالی ہے

اب اس سحر کو ہے اک اور بھی سحر کی تلاش
وہ اک سحر جو بہاروں سے آنیوالی ہے

ہم اپنے اپنے گھروں میں تو مطمئن ہیں مگر
یہ صرف جھوٹ نہیں بات بھی خیالی ہے

تعلقات کی بنیاد جس پہ رکھی تھی
وہ شاخ وقت کی سازش نے توڑ ڈالی ہے

ہے آج خلعتِ شعر و ادب بھی جہل کے ہاتھ
ہمارا دورِ سخن بھی عجب مثالی ہے

ندیمؔ کسکو دکھائیں کہ اپنے زخم یہاں
کوئی تو غالبؔ، اقبالؔ کوئی حالیؔ ہے

دیر بدلا ہے نہ اندازِ حرم بدلے ہیں
رہگزاروں میں فقط نقشِ قدم بدلے ہیں

دورِ حاضر بھی ہے پابستہ و محزوں کتنا
فرق یہ ہے کہ روایاتِ ستم بدلے ہیں

وہی عالم ہے وہی تلخیٔ دوراں ہے ابھی
کون کہتا ہے کہ انسان کے غم بدلے ہیں

عزم ہے گردشِ افلاک پہ قابو پالیں
یہ یقیں بھی تو نہیں لوح و قلم بدلے ہیں

نگہِ غیر کے زخموں کی شکایت کیا ہو
آج اپنوں ہی کے اندازِ کرم بدلے ہیں

فکر بدلی میرا معیارِ غزل بدلا ہے
اور کچھ آپ کے بھی قول و قسم بدلے ہیں

عشق باقی ہے وہی دردِ مسلسل ہے وہی
ہے صنم خانہ وہی صرف صنم بدلے ہیں

پیار کی شان اُسی آن سے باقی ہے ابھی
زلف بدلی ہے نہ وہ زلف کے خم بدلے ہیں

اپنا رخ وقت کی رفتار نے بدلا ہو گا!
ورنہ سوچو تو نہ تم بدلے نہ ہم بدلے ہیں

سامنے اپنے بھی ہے آئینۂ وقت ندیم
ہم بھی بدلے ہیں مگر آپ سے کم بدلے ہیں

○

○

غم عظمتِ انساں ہے زمانے کو یہ بتلا دو!
خوشبوئے وفا پھیلے گی یوں درد کو مہکاؤ

انسان ہی انسان کا حاصل ہے یہ سمجھاؤ
جینے کا سلیقہ ہے تو غیروں کو بھی اپناؤ

ہر زخم پکار اٹھتا ہے دیتا ہے صدا گھاؤ
بڑھتا ہی چلا جاتا ہے حالات کا پتھراؤ

کس غم کا مداوا کریں کس درد کا اظہار!
شکوہ نہیں جب کوئی تو کس بات کا پچھتاؤ

آنکھوں سے نہ پینے کا کوئی عہد نہ اقرار
مستانہ گھٹاؤ مجھے تم یوں تو نہ اُکساؤ!

ماضی کی روایات کا جو حسن ہے لے لو
افسانۂ ہستی کے ہر اک پیار کو دھراؤ

اِک چاند ابھرتا ہے تخیل کے افق پر
تیرا ہی کرم ہے یہ خیالات کا الجھاؤ

جینے کے مسائل ہیں کمی ہو نہیں سکتی
ہوتا نہیں یارو کبھی تخلیق میں ٹھہراو

کچھ اور بہاروں سے نئے نقش ابھارو
افکار کے تیشوں کو ذرا اور بھی چمکاؤ

کیوں خون نہ دیں دوستو اب فکر کو فن کو
جب اپنا مقدر ہی ہے الفاظ کا گھیراؤ

پیمانہ ہے کوئی تو کہو کون بڑا ہے!
آفاق کا داماں کہ میری زیست کا پھیلاؤ

جامی کی طرح آج ندیم اپنی غزل میں
اسلوب کا لہجے کا نیا روپ تو دکھلاؤ

○

نئی حیات کی تاریخ ہم بنا کے چلے
ہم اپنے عہد کا آئین آزما کے چلے

خود حادثوں نے دیا بڑھ کے راستہ ہمکو
چلے تو جانبِ مقتل بھی مسکرا کے چلے

ہمیں پہ ٹوٹ کے برسے ہیں اس قدر الزام
جس احتیاط سے دامن بچا بچا کے چلے

ہمارے ساتھ ہے صدیوں سے روشنی کا وجود
ہم ایسی شمع وفا راہ میں جلا کے چلے!

وہ سوچتے ہیں اب حالات کے تقاضوں پر
سرِ غرور کو جب آئینہ دکھا کے چلے

وہاں اُٹھائی گئیں نفرتوں کی دیواریں
جہاں معاملے دستِ عبا قبا کے چلے

چمک رہے تھے ہر اک آستین سے خنجر
بڑے خلوص سے جب ہاتھ ہم ملا کے چلے

یہ کیا غضب ہے کہ اپنی شناخت کھو بیٹھے
جو ساتھ ہم بھی ذرا وقت کی ہوا کے چلے

یہ اور بات ہے لہجہ بدل گیا ہے ندیم
نقوشِ حسنِ روایات بھی مٹا کے چلے

O

○

سازشوں کی گود میں جب اپنے بیگانے گئے
کتنے چہرے تھے نقابوں میں بھی پہچانے گئے

طنز کے نشتر مسلسل چل رہے تھے اور ہم
سوچئے اس عہد میں کس کس کو سمجھانے گئے

کیا غضب ہے زندگی کی الجھنیں بڑھتی گئیں
مسئلے دیر و حرم کے جب بھی سلجھانے گئے

جب کسی تاریخ کے سینے پہ خنجر چل گیا
ہر حقیقت چھپ گئی لوگوں تک افسانے گئے

ہوشمندوں نے کہا ہر بزدلی کو مصلحت
جانبِ مقتل گئے تو صرف دیوانے گئے

زندگی کا ایک اک زخم آئینہ بنتا گیا
یاد سے تیری کبھی جب دل کو بہلانے گئے

تشنگی کو کس کی آنکھوں نے سنبھالے دیدیئے
ساتھ پیمانوں کا چھوٹا دور میخانے گئے

ایک پل میں کہہ گئی سب کچھ نگاہِ اولیں
لفظ تک ملتے نہ تھے جب بات دہرانے گئے

آفتابِ عظمتِ فن ہم نے چمکایا ندیم
تھے جہاں اہلِ نظر ہم بس وہاں مانے گئے

حسرتِ سفر اتنی معتبر نہیں ہوتی
مشکلِ سفر جب تک ہمسفر نہیں ہوتی

شب کی اکھڑی سانسوں میں ڈوبنے لگے تارے
دیکھئے سحر کب تک جلوہ گر نہیں ہوتی

وہ بھی آج کہتے ہیں منزلوں کا افسانہ
منزلوں کی خود جنکو کچھ خبر نہیں ہوتی

عزمِ زندگی خود ہی حادثوں کا خالق ہے
آندھیاں تو ہوتی ہیں برق اگر نہیں ہوتی

جس میں ایک طوفاں ہو عزمِ زندگانی کا
ایسی کوششِ پیہم بے اثر نہیں ہوتی

آرزو بدلتی ہے شعلۂ بغاوت سے
آرزو کی جب کوئی رہگذر نہیں ہوتی

بات جو لرزتی ہے آج دل کی دھڑکن میں
مختصر سمجھنے سے مختصر نہیں ہوتی

پھانسیوں کے سائے میں شب کو طول دیتے ہو
اس طرح کی باتوں سے کیا سحر نہیں ہوتی

وقت سادہ لوحی سے انتقام لیتا ہے
وقت کے تقاضوں پر جب نظر نہیں ہوتی

جل اٹھیں ندیم آخر مشعلیں حقائق کی
شاعری مسائل سے بے خبر نہیں ہوتی

○

دو شعر

ملتی گئی کڑی سے کڑی ہر فسانے کی
بنتا گیا میں حلقۂ زنجیر کی طرح
چاہا تھا بھول جاؤں گا لیکن ترا خیال
گذرا ہے سنسناتے ہوئے تیر کی طرح

○

لباس پہنے ہوئے بھی وہ بے لباس رہے
جو زندگی میں فقط مصلحت شناس رہے

شکستیں ان کا مقدر تھیں کوئی کیا کرتا
یقیں سے دور جو پروردۂ قیاس رہے

ہم اپنی منزلِ مقصود خوب جانتے ہیں
جو خوفِ راہ انہیں راس ہے تو راس رہے

تجلیات نے جو آئینے سجائے ہیں
اُن آئینوں کا بھی کچھ ہم پہ انعکاس رہے

ہمارا سلسلۂ غم بھی کتنا محکم ہے
مسرتیں بھی ملی ہیں تو ہم اداس رہے

ہمیں قبول ہے دل سے تمام عمر کی دھوپ
تمہاری زلف کے سائے جو آس پاس رہے

بجا درست کہ بھڑکے گا تشنگی کا الاؤ
ہمارے سامنے خالی سہی گلاس رہے

جنوں ملا نوادائے قلندری بھی ملی
جو پاسبانِ خرد تھے وہ بدحواس رہے

ان ہی کے قدموں سے یہ زندگی ملی ہے ندیم
وفا کی راہ میں جو بے نیازِ پیاس رہے

○

نئی تاریخ مرتب کرو میخانے سے
بجلیاں بھر کے پلا دو مجھے پیمانے سے

پی کے دیکھو تو کبھی کتنے الٹتے ہیں نقاب
کتنے چہرے ہیں چھلک جاتے ہیں پیمانے سے

معجزہ گردشِ دوراں کا فقط ہے اتنا
آج اپنے نظر آنے لگے بیگانے سے

کیا یہ تعمیر کا انداز نیا ہے کہ نہیں
شہر میں گھومتے پھرتے ہیں جو ویرانے سے

دورِ حاضر کے کئی زخم لئے پھرتا ہے
کونسا وصف چھپا ہے ترے دیوانے سے

لفظ و معنیٰ کو نیا حسن عطا ہوتا ہے
صرف اک پیرہنِ فکر بدل جانے سے

وقت سب سے بڑا نقّاد ہے تسلیم کرو
سوزِ تخلیق کہاں بات کو دہرانے سے

آج بونے مرا قد ناپ رہے ہیں یارو
سازشِ ذہن سے اور جہل کے پیمانے سے

میں بہت حسنِ روایات سے واقف ہوں ندیم
آگ اٹھتی ہے غزل زلف کو سلجھانے سے

○

دو شعر

کیا خبر تھی دلِ مغموم تک آ پہنچیں گے
ہم بھی شوق سے مفہوم تک آ پہنچیں گے

کس کو معلوم تھا وہ میری تمناؤں سے
کھیلتے کھیلتے مقسوم تک آ پہنچیں گے

○

زخموں کے دیئے درد کے فانوس جلاؤ
یادوں کی ردا اوڑھ کے نزدیک تو آؤ

لائے تھے جسے رات کے مقتل سے بچا کر
اس صبح کو اِس صبح کی پھانسی پہ چڑھاؤ

ہم اور نیا رنگ بھریں اپنے لہو سے
تم اور نیا جشنِ بہاراں تو مناؤ

ہم کو تو یہ دھرتی کے حقائق ہی بہت ہیں
تم چاند ستاروں کے در و بام سجاؤ

جلتی ہوئی راتیں ہیں مہکتی ہوئی یادیں
ایسے میں کوئی اور فسانہ ہی سناؤ!

اشکوں سے نکھر آئے کوئی خوابِ تبسم
اتنا ہمیں جینے کا سلیقہ تو سکھاؤ

گلشن کی بہاروں کا پتہ پوچھنے والو
صحرا میں مرے نقشِ قدم ڈھونڈتے آؤ

پھولوں کی نگاہوں میں اگر پیار نہیں ہے
کانٹوں سے عزیزوں کی طرح ہاتھ ملاؤ

اک حسنِ گریزاں کے تصور میں ندیم اب
بڑھ کر غمِ ایام کو سینے سے لگاؤ!

○

○

زندگی ایسی گذرتی ہے دلِ زار کے ساتھ
جیسے تصویر لگادے کوئی دیوار کے ساتھ

وقت وحالات کے آگے کوئی آئینہ رکھو
کچھ تو انصاف ہو اسلوب میں اظہار کے ساتھ

زندگی کربِ مسلسل کے سوا کچھ بھی نہیں!
کتنے وابستہ ہیں ہم جذبۂ خوددار کے ساتھ

ہم نے اوروں کو تو جینے کا سلیقہ بخشا
اور خود چل نہ سکے وقت کی رفتار کے ساتھ

خواہ لہجہ ہو کوئی فن کی نزاکت ہے یہی!
بات جو بھی کہو جب بھی کہو معیار کے ساتھ

تم نے ماضی کو جہنم کی ہوا دیدی ہے
اور انجان ہو مستقبلِ بیدار کے ساتھ

اپنا حق لینے کو جب تھوڑی توجہ مانگی
حوصلے اور بڑے شدتِ انکار کے ساتھ

کتنی صدیوں سے ہے یہ سلسلۂ دار و رسن
اپنا رشتہ ہے پرانا رسن و دار کے ساتھ

زلف کی چھاؤں ہو باہوں کی پناہیں ہوں ندیم
مسئلے خود ہی چلے آتے ہیں فنکار کے ساتھ

وقت و حالات سے تحفے جو ملا کرتے تھے
ہم بھی پھولوں کی طرح زخم چھپا کرتے تھے

حوصلے دیکھئے ہنس ہنس کے جیا کرتے تھے
ہم پہ جس شان سے بہتان اٹھا کرتے تھے

تیرے پیکر کو کوئی نام دیا کرتے تھے!
جب بھی لفظوں کے حسیں جال بنا کرتے تھے

کوئی بھی زخم ملے بانٹ لیا کرتے تھے
کیسے دیوانے تھے ہم لوگ بھی کیا کرتے تھے

حادثے لاکھ ہوں ہر حال میں ہر لمحے میں
خود کو آمادۂ توفیقِ وفا کرتے تھے!

نکہتِ وقت سے بکھراؤ ہوا کرتا تھا
ایسے ماحول میں بھی سانس لیا کرتے تھے

لاج رکھنی تھی ہمیں لاج رکھی عمر تمام
تشنگی غرقِ تہی جام کیا کرتے تھے

تب کہیں جا کے شبِ غم کی سحر ہوتی تھی
جب کئی ستارے پلکوں پہ سجا کرتے تھے

تجربے جو بھی ملے شعر کی صورت میں ندیم
قرض کی طرح زمانے کو ادا کرتے تھے

○

دو شعر

مستی بھری بہار گھٹائیں، نویدِ شوق
میں کب سے منتظر ہوں یہ ساماں لیے ہوئے

یہ شام میکدہ یہ بہاریں یہ مستیاں
آجاؤ، شبابِ غزل خواں لیے ہوئے

○

○

وقت کا خوب یہ اندازِ مسیحائی ہے!
دشت کی دھوپ ہے میں ہوں میری تنہائی ہے

یہ جو تاریخ کے ماتھے پہ شکن آئی ہے
میری رسوائی نہیں عہد کی رسوائی ہے

امن کا روپ دیا جاتا ہے بدامنی کو
بیقراری کا یہاں نام شکیبائی ہے

جس طرف دیکھو نظر آئے سروں کے مینار
یہی تزئین یہی انجمن آرائی ہے

آج حالات کے پتھراؤ میں ہر زخم مرا
جانے کیا بات ہے خاموش تماشائی ہے

ہر نئے زخم سے ہوتا ہے تعارف اپنا!
دوستی درد سے اور غم سے شناسائی ہے

میں ہر اک پرسشِ دوراں سے گذر جاؤنگا
آپ کہدیں مرا دیوانہ ہے سودائی ہے

رنج و غم درد والم کب مرے ہمراہ نہ تھے
صرف تنہائی کا احساس ہی تنہائی ہے

وقت کے ساتھ بدل جائیں یہ ناممکن ہے
وقت کو ہم نے بدلنے کی قسم کھائی ہے

تہمتیں ہم پہ تراشو کہ ہیں رسوائے جہاں
اور سوچو کہیں گنجائشِ رسوائی ہے

میرا اسلوب مرے دور کا لہجہ ہے ندیم
میرے فن نے دلِ دوراں میں جگہ پائی ہے

خونِ دل اور سہی مشقِ سخن اور سہی
زہرِ ناقدریٔ اربابِ وطن اور سہی

خندۂ گل کی جگہ برقِ ستم نے لے لی
کچھ دنوں برہمیٔ نظمِ چمن اور سہی

نہ سہی اب لبِ شیریں کی حکایت اے دوست
تلخیٔ فکر و نظر کام و دہن اور سہی

ساتھ لائیں گے بہاروں کو بیابانوں کو
آج افسانۂ دستورِ چمن اور سہی

ہم تری یاد سے ایسے ہیں کبھی غافل کب ہیں
وقت کچھ اور سہی آج لگن اور سہی

اے جنوں محفلِ عشرت میں بہ پاسِ احباب
رسمِ پابندیٔ آدابِ کہن اور سہی

بڑھتی جاتی ہے بہت ظلمتِ آلامِ حیات
یادِ جاناں کوئی رنگین کرن اور سہی

غمِ دل، دردِ وطن، ذوقِ جنوں، جرمِ وفا
زندگانی کیلئے لاکھ جتن اور سہی

عرضِ الفت کی بہر طور کوئی داد ملے
حسنِ مغرور کے ماتھے پہ شکن اور سہی

شعر کی آگ سے انفاس سلگتے ہیں ندیم
محفلیں اور سہی ذوقِ سخن اور سہی

کتنے طوفانوں سے بچ بچ کے مری کشتیٔ شوق
ڈوب جائے گی کنارے مجھے معلوم نہ تھا

کون کہتا ہے کہ الفاظ کی بارش ہو جائے
حبس ہے ذہن میں بس لُو کی نوازش ہو جائے

خود فریبی کا یہ موسم ہے تو اس موسم میں
سازشِ وقت سے اک اور بھی سازش ہو جائے

یہ تصنع کے لبادے یہ فریبوں کے لباس!
آج بازاروں میں جسموں کی نمائش ہو جائے

بس جنوں سچ ہے جنوں حق ہے جنوں باطل کش
لاکھ پہروں میں نگہبانیٔ دانش ہو جائے

ایک سورج کی طرح آج ہے انساں کا وجود
جس اندھیرے پہ نظر ڈالے تابش ہو جائے

اک نئی صبح کی تخلیق یقیناً ہو گی!
عہد کا کرب ہی جب غرور کی خواہش ہو جائے

منتظر کب سے ہیں کچھ لوگ ندیمؔ اپنے بھی
نئے لہجے میں کوئی تازہ نگارش ہو جائے!

○

وہ طور وہ اندازِ غضب بھول گئے ہیں
خودداریٔ احساس کا ڈھب بھول گئے ہیں

جو باعثِ تخلیقِ سحر، روحِ سحر تھی
افسوس اسی کرب کی شب بھول گئے ہیں

مقتل سے صلیبوں سے رہا واسطہ جن کا
اربابِ وطن ہی انہیں اب بھول گئے ہیں

ماضی کے تجسس میں ہیں پہچان میں اپنی
کس عہد میں کس حال میں کب بھول گئے ہیں

اخلاص و محبت ہو کہ آداب و شرافت
کیا دین ہے یہ وقت کی سب بھول گئے ہیں

ہر بار سحر خیز فریبوں سے گذر کر
دانستہ اجالوں کی طلب بھول گئے ہیں

کیا پوچھتے ہو کس کی عنایت سے ملے زخم
دھرائیں گے کس بات کو جب بھول گئے ہیں

جس تجربۂ نو میں اگر جہل ہے شامل
سمجھو کہ وہ معیارِ ادب بھول گئے ہیں

ذہنوں کا یہ افلاس ہے حالات کی زد پر
تاریخ کا پندارِ نسب بھول گئے ہیں

یہ وقت ہی بتلائے گا کس آگ میں تپ کر
لہجے کے بدلنے کا سبب بھول گئے ہیں!

وہ بات ابھی قلب سمندر میں ہے لرزاں
وہ بات بھی کیا تشنۂ لب بھول گئے ہیں

سنتے ہیں ندیمؔ اپنا ترنم تھا کبھی اب
وہ کیف وہ نغماتِ طرب بھول گئے ہیں

لے کے رگ رگ میں رواں شعلۂ بادہ ہم لوگ
ذہن و دل رکھتے ہیں ہر وقت کشادہ ہم لوگ

مانگے تانگے ہوئے چہروں میں نہ ڈھونڈو ہم کو
اصلی چہرے میں ملا کرتے ہیں سادہ ہم لوگ

ہر نیئے دور کا آغاز ہے اپنی تخلیق
ہر نئی نسل کو دے جاتے ہیں جادہ ہم لوگ

ہم سے تاریخ مرتب ہے مثالوں کی طرح
چھوڑ جاتے ہیں اُجالے ہی زیادہ ہم لوگ

جب ہوں اظہار سے معزور تو ان لفظوں کو
دیدیا کرتے ہیں اشکوں کا لبادہ ہم لوگ

ریت بن جاتا ہے اِن اونچے پہاڑوں کا وجود
باندھ کر چلتے ہیں جب کوئی ارادہ ہم لوگ

ہر زمانہ ہمیں نزدیک سے پہچانتا ہے
ہیں ندیم اپنی جگہ اپنا اعادہ ہم لوگ

○

سامنے لفظوں کا شیرازہ تو ہو
فکر کی کوئی ادا، تازہ تو ہو

یہ مسلسل آزمائش عہد کی
کوئی حد ہو کوئی اندازہ تو ہو

اجنبی ہوں اجنبی کے واسطے
شہر میں وا کوئی دروازہ تو ہو

آرہا ہے زندگانی میں جمود!
سلسلہ زخموں کا پھر تازہ تو ہو

شعر کے چہرے پہ ہو کچھ تازگی
کم سے کم حالات کا غازہ تو ہو

کچھ تو ہو انعامِ فن آخر ندیم
طنز کے نشتر ہوں آوازہ تو ہو

○

نگاہ و فکر کی رعنائیاں زیادہ سہی
کچھ اپنے آپ سے بھی آج استفادہ سہی

غموں کی آگ میں تپنا اگر مقدر ہے
رہِ حیاتِ الم اور بھی کشادہ سہی

چلو کسی کی نگاہوں کی یاد تازہ کریں
تھکن اتار نے تجدیدِ جام و بادہ سہی

تراش لایا ہے کچھ بت حسیں خیالوں کے
ہمارا ذوقِ جنوں آج بے لبادہ سہی

اب آئینوں سے کوئی درد جھانکتا بھی نہیں
نویدِ درد ہو، زخموں کا پھر اعادہ سہی

ورق ورق پہ نمایاں ہے درد کی تصویر!
کہیں حیات کا کوئی ورق تو سادہ سہی

ہمارے بعد بھی نقشِ قدم چمک اُٹھیں
زمینِ شعر میں اپنا بھی کوئی جادہ سہی

ندیمؔ وعدوں کی لذت میں بھی کشش نہ رہی
کبھی تو بھول کے آجاؤ بے ارادہ سہی

○

بس اتنی بات ہے جینے کا آسرا نہ ملا
مری جبیں کو کہیں تیرا نقشِ پا نہ ملا

رہِ حیات میں اکثر مجھے ہوا محسوس
کئی رفیق ملے درد آشنا نہ ملا

نہ جانے کب سے مرے دل کی دھڑکنوں میں ہے قید
وہ آرزو کہ جسے کوئی راستہ نہ ملا

ہزار جلوۂ رنگیں مری نگاہ میں تھے
ہو جس میں عکس ترا ایسا آئینہ نہ ملا

وہ ایک لمحہ کہ پیماں ہوئے تھے نظروں سے
تمام عمر گذار آئے سلسلہ نہ ملا !

ہم اپنے درد کا اظہار کر کے پچھتائے
اک اور غم ملا اظہار مدعا نہ ملا

میں کس زباں سے ترا شکریہ ادا کرتا
یہ سوچتا ہوں ترے در سے مجھکو کیا نہ ملا

جنوں کی، غم کی، حقیقت کو پیش کر سکتا
نگاہِ دوست کوئی ایسا قافیہ نہ ملا

میں کب سے اپنے تعاقب میں چل رہا ہوں ندیمؔ
مرے وجود کا اب تک مجھے پتہ نہ ملا

حق بات سن کے آج مرے دوست ڈر گئے
جیسے دلوں میں لفظ کے نشتر اُتر گئے!

وہ کون تھے جو زہر سا سینوں میں بھر گئے
انسان کے وجود کو تقسیم کر گئے

وہ جن کے خون سے ہے گلستاں میں رنگ و بو
ان پر بھی بے وفائی کا الزام دھر گئے

کچھ تلخیٔ حیات نے گرما دیا لہو ! !
کچھ اپنی لغزشوں کے سہارے سنور گئے

وہ جن کو اپنی زعمِ سیاست پہ ناز تھا
ٹھکرا دیا عوام نے بے موت مر گئے

تاریخ بن گئے تھے جو اوراقِ زیست پر
صدیاں سمیٹ کر وہی لمحے گذر گئے

دامانِ آرزو پہ کئی نقش چھوڑ کر!
خودداری حیات کے آنسو بکھر گئے

اپنے ہی گھر کے لوگ مجھے اجنبی لگے
جب آج شام لوٹ کے ہم اپنے گھر گئے

تہذیب و ارتقاء کے علم ہو گئے بلند!
ہم عاشقانِ صبحِ بہاراں جدھر گئے

بے کیفیاں حیات کی رہ جائینگی ندیمؔ
ہم آج اُٹھ گئے بزمِ طرب سے اگر گئے

○

حقیقتوں کے نہ اظہار سے ڈراؤ مجھے
میں آئینہ ہوں ہر اک فرد کو دکھاؤ مجھے

بہت سنے لب و گیسو خطوطِ جسم کے گیت
کبھی تو نغمۂ دار و رسن سناؤ مجھے

برا ہوں اسلئے سچائیوں کا مسلک ہوں
فریب و مکر کے دلدل میں مت پھنساؤ مجھے

سوائے مصلحتِ وقت کے کچھ اور نہیں
بچاؤ ایسے کمینوں سے تو بچاؤ مجھے

عجیب دور ہے آدابِ زندگی ہی نہیں
اب اک عذاب ہے خود اپنا رکھ رکھاؤ مجھے

مسائلِ غمِ دوراں سے بے خبر بھی نہیں
میں سو رہا ہوں بہت دیر سے جگاؤ مجھے

یہ حادثات یہ طوفاں تو اک کھلونا ہیں
ڈرا رہے ہو کہاں آ کے ناخداؤ مجھے

زمین کانپ اُٹھے آسماں لرز جائے!
گراؤ اتنی بلندی سے تو گراؤ مجھے

تمہارے ذہن میں دل میں رگوں میں اتروں گا
میں وہ کتاب نہیں پڑھ کے بھول جاؤ مجھے

قد آوری کا تو دعویٰ نہیں ندیمؔ مگر
خدا کے واسطے بونوں میں مت بٹھاؤ مجھے

○

خدا کی قسم ہمنشیں کانپتا ہوں
مجھے اور یہ زندگی کی دعائیں

○

O

ہر اک خیال ہر اک فکر آفریدہ لگے
بساطِ شعر میں جب خونِ دل رمیدہ لگے

شعورِ وقت کا دامن بھی کچھ دریدہ لگے
عجیب دور ہے ہر شخص غم رسیدہ لگے

تجلیات کی رنگینیاں سمیٹے ہوئے
مذاقِ دید بھی ہر گام پر ندیدہ لگے !

ورق ورق پہ مقدر کے پیچ و خم ابھرے
وہ زلف جب بھی پریشاں لگے خمیدہ لگے

وہ بات جس کو محبت کی بات کہتے تھے
کبھی کبھی مجھے وہ بات بھی کبیدہ لگے

وہی مآلِ جنوں وجہہ انقلاب تو ہے
وہ ایک قطرۂ خوں دل سے جو چکیدہ لگے

ہر ایک زخم ملا آئینہ چھپائے ہوئے
وجودِ درد ہی اب عظمتِ عقیدہ لگے

سحر کی بزم سے ظلمت کدے سے مقتل سے
تمہارا ذکر کہیں سے چلے قصیدہ لگے

ندیمؔ آج یہ اہلِ نظر سے پوچھنا ہے
یہ طرزِ شعر یہ لہجہ بھی کیا شنیدہ لگے

○

قطعہ

بار بار افسانۂ دار و رسن !
ایک ہی انداز کا رنگِ سخن
چند لفظوں میں جو کھو جائے ندیمؔ
زندگی سے دور ہو جاتا ہے فن

○

ہنسنے کا رنگ پیار کے نغمے میں آگیا
انداز ہو بہو ترا غنچے میں آگیا

جس راستے پہ اکھڑ گئے میرے قدم وہاں
وہ راستہ بھی پھر ترے رستے میں آگیا

برتا ہوں سوچ سوچ کے ہر لفظ کا مزاج
حسنِ تمام شعر کے سانچے میں آگیا

حالات و وقت نے مجھے دیدی نئی زباں
اب میرا غم بھی اشکِ [illegible] لہجے میں آگیا

یہ اور بات ہے کہ خوشی چھین لی گئی
غم تو یہ ہے تو غیب دِل کے کہنے میں آگیا

محروم ہے اجالوں سے ایسی سحر ملی
خوش فہمیوں کے عارضی سائے میں آگیا

کھائی شکست دجوں کے چہرے اُتر گئے
طوفاں کا سارا زور سفینے میں آگیا

کیوں لوگ چلتے چلتے مجھے دیکھنے لگے!
میرا وجود جیسے تماشے میں آگیا

ماضی سے کٹ کے کھو دیا اپنی شناخت کو
سچ کو بھلا کے جھوٹ کے دھوکے میں آگیا

جو غم کی عظمتیں ہیں وہی جان بوجھ کر
ہر زاویے سے میرے قبیلے میں آگیا

اپنا بھی کیا شباب تھا اب کیا کہیں ندیم
آہٹ سنی تو چاند دریچے میں آگیا

ہر دور میں جو باعثِ تخلیق ہوا ہے!
وہ کرب ہی صدیوں کی نوازش ہے عطا ہے

اظہارِ محبت کی بھی یہ خوب ادا ہے
دستی کے کنارے پہ میرا نام لکھا ہے

دیکھوں تو ہوئی جاتی ہے خیرہ مری نظریں
شائد کوئی اوڑھے ہوئے سورج کی ردا ہے

پوچھو نہ ابھی زیست کے انداز کا عالم
دشنام کہیں ہے تو کہیں حرفِ دعا ہے

ہیں مصلحتِ وقت کی چہرے پہ نقابیں
نقاد بخیلوں کی طرح سوچ رہا ہے

منصب مرا جب اسکی سمجھ میں نہیں آتا
کیا اس سے غرض مجھکو کوئی کون ہے کیا ہے

حالات کے پھیلے ہوئے مقتل میں کھڑا ہوں
جو زخم ہے ناکردہ گناہی کی سزا ہے

ڈھیروں میں کتابوں کی ملا ہے نہ ملیگا
وہ علم جو انسان کے چہرے پہ لکھا ہے

اِمروز کی قیمت ہے ندیمؔ اپنی نظر میں
سوچو تو یہ امروز ہی فردا کا خدا ہے

○

تیری زلفوں میں پنہاں سرد ساون کی گھٹائیں ہیں
تری آنکھوں میں رنگیں میکدہ آباد ہے ساقی

○

یہ واردات مسلسل ہے کیا کیا جائے
نظر کے سامنے مقتل ہے کیا کیا جائے

ہے شہر شہر عجب قتل و خون کی سازش
یہ ذہن آج مکمل ہے کیا کیا جائے

ہر اک سمت سے جیسے بھڑک رہی ہو آگ
سروں پہ خون کا بادل ہے کیا کیا جائے

ملیں گے آپ کو سوچوں میں غوطہ زن چہرے
ہر ایک ماتھے پہ اک بل ہے کیا کیا جائے

سرک رہی ہے زمین آج پاؤں کے نیچے
فسونِ جہل کا دلدل ہے کیا کیا جائے

حیات نے تو معمے کا روپ دھار لیا
نہ فکر ہے نہ کوئی حل ہے کیا کیا جائے

ردائیں چھن گئیں دوشیزگی کھلے سر ہے
کہیں پھٹا ہوا آنچل ہے کیا کیا جائے

خرد نے اپنے جرائم پہ ڈال رکھی ہے نقاب
جنوں کے ہاتھ میں مشعل ہے کیا کیا جائے

ندیم پھر کوئی افواہ چل پڑی شائد
سکونِ شہر میں ہلچل ہے کیا کیا جائے

○

تمام عمر وہی پیش و پس میں رہتے ہیں
جو لوگ وہم و گماں کے قفس میں رہتے ہیں

دلوں کے بیچ اٹھاتے رہے ہیں دیواریں
وہ فاصلے جو نگاہِ ہوس میں رہتے ہیں

ہے راستوں کو ابھی اپنی منزلوں کی تلاش
سفر کے خواب صدائے جرس میں رہتے ہیں

قدم قدم پہ اندھیروں کو روشنی دیدیں
وہ چند شعلے جو تارِ نفس میں رہتے ہیں

اُن ہی سے آبروئے انقلاب باقی ہے
جو سرفروش ارادوں کے بس میں رہتے ہیں

وہ حادثے جو بدلتے ہیں ظلمتوں کا مزاج !
وہ حادثے ہی مری دسترس میں رہتے ہیں

حیات بانٹ کے خوش ہیں کچھ ایسے لوگ ندیمؔ
قلندروں کی طرح خار و خس میں رہتے ہیں

جب انقلابِ وقت کے تیور بدل گئے
اک شب میں جان بوجھ کے اکثر بدل گئے

کب تک رہیں عذابِ مسلسل کی قید میں
قاتل بدل سکے ہیں نہ خنجر بدل گئے

ہم جادۂ وفا پہ اٹل تھے کچھ اپنے لوگ
حالات کے دباؤ میں آ کر بدل گئے

افسوس جن کے واسطے وا تھا درِ حیات
وہ آج امتحاں کی زد پر بدل گئے

اک تازہ انقلاب کی آہٹ کے ساتھ ساتھ
کچھ دفعتاً حیات کے منظر بدل گئے

شعر و ادب بھی خانوں میں تقسیم ہو گیا
بونوں کا ذکر کیا ہے قد آور بدل گئے

اک پل ہی کائنات میں ہے حاصلِ حیات
حُر کیا بدل گیا کہ مقدر بدل گئے

آنکھوں میں آج سرخ سے ڈوروں کا ہے تناؤ
اللہ رے شباب کہ یکسر بدل گئے

کچھ اور بڑھ گئی ہے خطوطِ بدن کی آگ
جب سے نظر میں حسن کے پیکر بدل گئے

یہ تو ہوا ندیم بس کہ لہجہ بدل گیا !
قدریں بدل گئیں نہ سخنور بدل گئے

○

کیا مقدر ہے یہی تازہ ستم دیکھینگے !
کب تک الجھے ہوئے یہ دیر و حرم دیکھینگے

ہم سے تاریخ مرتب ہے مثالوں کی طرح
عہد کا قرض ہے کیا ہم پہ یہ ہم دیکھینگے

لذتِ درد ہی ہے حاصلِ عنوانِ حیات
اور ملتی ہے کہاں دولتِ غم دیکھینگے

کب چھلکتا ہے ذرا دیکھئے پیمانۂ صبر
بند مٹھی کا کہاں تک ہے بھرم دیکھینگے

فاصلے ٹوٹینگے ذہنوں کے اک ایسا منظر
آرزوؤں کی وفاؤں کی قسم دیکھینگے

ظلمتِ شب سے نکھاری ہیں چمکتی صبحیں
ہم جو دیکھینگے اجالوں کے قدم دیکھینگے

ایک اک لفظ سے کسطرح ٹپکتا ہے لہو
دیکھنا ہے کہ کب اہلِ قلم دیکھینگے

وقت قاتل ہے تو پھر وقت کے مقتول ہیں ہم
یہ عبارت کئی چہروں پہ رقم دیکھینگے

ہم تو بس آخری تہذیب تھے دنیا والو
ہم سے آوارہ بدنام بھی کم دیکھینگے

اک تمنّا ہے اسی آس پہ جیتا ہوں ندیم
میرے آنسو بھی دامانِ کرم دیکھینگے

خرد نہ وہم وگماں کے اثر میں ہوتے ہیں
جنوں کے رازِ غمِ معتبر میں ہوتے ہیں

یہ فاصلے تو فقط اہلِ دل سمجھتے ہیں
جو ظلمتوں میں وجودِ سحر میں ہوتے ہیں

ان حادثوں سے ملا ہے قلندری کا مزاج
وہ حادثے جو تری رہگذر میں ہوتے ہیں

عجیب بات ہے صدیاں گذر گئیں پھر بھی
یہ قتل دختوں تو بس اپنے گھر میں ہوتے ہیں

خلوصِ عشق کے سارے چھپے ہوئے سجدے
مری جبیں میں نہیں سنگِ در میں ہوتے ہیں

جواب جن کا ابھی تک نہ مل سکا کوئی !
وہی سوال نگہہ مختصر میں ہوتے ہیں

ہم اپنے عہد کی تصویر ہیں کبھی سوچو
ہم ایسے لوگ ہی اہلِ نظر میں ہوتے ہیں

ندیم اک نئی تاریخ پھر رقم ہو گی
جو واقعات ہمارے سفر میں ہوتے ہیں

○

دو شعر

جو پھر چاہوں تم ان مردہ دلوں کو زندگی دے کر
دہکتا سا خیالوں میں شبابِ نوجواں رکھ دوں

جہاں ٹوٹے ہوئے دِل کی صدا سے بے خبر کیوں ہے
اگر چاہوں اُلٹ کر پھر بساطِ دو جہاں رکھ دوں

○

○

حسن کی نگاہوں تک عشق کے اشاروں تک
عرضِ غم نہیں محدود آج استعاروں تک

میری فکر کے جلوے میرے عزم کے طوفاں
عیش کے گلستاں سے غم کے خارزاروں تک

آج کس کی یادوں نے روشنی سی کر دی ہے
کشمکش کی منزل سے غم کی رہگذاروں تک

عاقبت پسندوں کا چھن گیا سکوں آخر
اب تو وقت کا طوفاں آ گیا کناروں تک

اہلِ ہوش کیا جانیں رازِ کیف و مستی کا
میکدے کی باتیں ہیں صرف میگساروں تک

پُرکشش ہے کچھ اتنی منزلِ غمِ ہستی
اب نظر نہیں جاتی چاند تک ستاروں تک

ہاں بڑھا قدم آگے شکوۂ خزاں کیسا
عزم تو پہنچنا ہے منتظر بہاروں تک

فاصلہ ہے کتنا کم، ہو اگر یقیں محکم
رات کے اندھیروں سے صبح کے نظاروں تک

آج کتنے طوفاں ہیں پھانسیاں ہیں زنداں ہیں
میری رہگذاروں سے تیری رہگذاروں تک

جستجو کی منزل میں وہ بھی ایک دھوکا تھے
میں ندیم لوٹ آیا جا کے جن سہاروں تک

مرے سجدوں کی مستی مجھ کو اس منزل پہ لے آئی
جبیں میں جذب کر ڈالا ہے تیرا آستاں میں نے

○

○

ہے امتحانِ ہمتِ اہلِ کفن ابھی
باقی ہے اور منزلِ دار و رسن ابھی

تمہید تو ہے یہ شبِ زنداں کی موت کی
پھوٹی تو ہے افق سے نئی اک کرن ابھی

مجروح سی فضا ہے اجالے ہیں خوں فشاں
صبحِ وطن نہیں ہے یہ صبحِ وطن ابھی

منزل کے پاس پاس جو لٹتے ہیں کارواں
کیا راہبر کے بھیس میں ہیں راہزن ابھی

کچھ اور انتظار میرا جانِ آرزو
کچھ دیر اور ہے یہ نظامِ کہن ابھی

عارض کی یاد، زلف کا قصّہ نظر کی بات
آباد سی خیال کی ہے انجمن ابھی

ہم نے دیا چمن کی بہاروں کو خونِ دل
اور ہے خفا ہمیں سے بہارِ چمن ابھی

خالق ہے جن کا عزمِ بہاروں کی صبح کا
طے کر رہے ہیں وہ رہِ دار و رسن ابھی

ٹکرا رہی ہے موت رہِ انقلاب میں
لیکن حیات کا ہے وہی بانکپن ابھی

فن کی بلندیوں کو کہاں چھو سکا ندیمؔ
گم اپنی پستیوں میں ہے نقّادِ فن ابھی

○

○

دل کہاں سے مرا تنہائی اُٹھا لایا ہے
ایک جلتی ہوئی رسوائی اُٹھا لایا ہے

خلوتِ ناز کی زیبائی اُٹھا لایا ہے
ذہن کیا پیکرِ رعنائی اُٹھا لایا ہے

روبرو آج مجسم ہے قیامت جیسے
ذوقِ تازہ کوئی انگڑائی اُٹھا لایا ہے

کس کی آنکھوں سے نہ جانے یہ تصور اپنا
صورتِ وجرِ شکیبائی اُٹھا لایا ہے

ایک آوارہ و بیباک ہوا کا جھونکا
حسن سے حسن کی یکتائی اُٹھا لایا ہے

بھیڑ ہی بھیڑ ہے نظروں کی جدھر جاتا ہوں
شہر کیا چشمِ تماشائی اُٹھا لایا ہے

آج انفاس کی لہروں پہ تخیل اپنا
وقت سے فکر کی گہرائی اُٹھا لایا ہے

ان سسکتی ہوئی غزلوں کو حرارت دینے
چارہ گر حسنِ مسیحائی اُٹھا لایا ہے

زندگانی مجھے پہچان گئی تو مرا درد !
زندگانی سے شناسائی اُٹھا لایا ہے

مل گئی ہے مجھے ہر فتنۂ دوراں سے نجات
جب سے غم مسلکِ سودائی اُٹھا لایا ہے

آفتابوں سے ندیم آنکھ لڑانے کے لئے
عشق پھر طاقتِ بینائی اُٹھا لایا ہے

○

○

آنسو کی بوند بوند میں تنہائیوں میں تھیں
میری خموشیاں مری رسوائیوں میں تھیں

حالات کے حصار میں تھے قید سب بدن
چیخیں چھپی ہوئی کئی انگڑائیوں میں تھیں

بارات کا ہجوم بھی کچھ دل فگار تھا
تانیں بھی آج درد کی شہنائیوں میں تھیں

مقتل بنا ہوا تھا مرا شہر ہر طرف
دلچسپیاں عجیب تماشائیوں میں تھیں

یہ وقت کی تھکن یہ شکستیں اُداسیاں
جیسے شریک حسن کی رعنائیوں میں تھیں

حسنِ کرم عنایتیں اُن کی نوازشیں
کیا پوچھتے ہو حاشیہ آرائیوں میں تھیں

بیگانے آج اپنے بنے، اپنے کھنچ گئے
جتنی کدورتیں تھیں شناسائیوں میں تھیں

میرے لیے وہ معرکہ بازار بن گئیں
ساری علامتیں جو مرے بھائیوں سے میں تھیں

اک پیکرِ جمال کی یادیں فقط ندیم
دل پر نقوش ذہن کی پرچھائیوں میں تھیں

○

دو شعر

نفس نفس میں یہ کس کا پیام ہے ساقی
تمام ہو کے بھی غم ناتمام ہے ساقی!
کچھ اور مانگ رہا ہوں تری نگاہوں سے
عطائے دردِ محبت تو عام ہے ساقی

○

ہجومِ شہرِ نگاراں مری تلاش میں ہے
ادائے چشمِ غزالاں مری تلاش میں ہے

لہو دیا ہے سحر کی حسین فصلوں کو
نویدِ صبحِ بہاراں مری تلاش میں ہے

جنوں میں وقت کی نبضوں میں دشتِ امکاں میں
کہاں کہاں غمِ جاناں مری تلاش میں ہے

ہر اک چہرے پہ لرزاں ہیں کتنے افسانے
ہر اک فسانے کا عنواں مری تلاش میں ہے

نظر نظر کا مقدر بنا دیا جس کو
وہ ایک جلوۂ جاناں مری تلاش میں ہے

ہزار آنکھوں کی مستی ہے میرا پیمانہ
نگاہِ بادہ گساراں مری تلاش میں ہے

تمام درد ہوں مشرب مرا محبت ہے
شعورِ عظمتِ انساں مری تلاش میں ہے

وہاں وہاں میں ستاروں کا بن گیا پیکر
جہاں جہاں صفِ مژگاں مری تلاش میں ہے

نہ میں ولی نہ پیمبر نہ کوئی مصلحِ قوم
تو کیوں یہ گردشِ دوراں مری تلاش میں ہے

دلوں کا درد بنا جب ندیم وجہہِ حیات
وہیں سے درد کا درماں مری تلاش میں ہے

○

رشک و حسد کی آگ میں جلتے رہے ندیم
انداز ساتھیوں کے مگر دوستانہ ہیں

○

○

ظلمت کو اعتبارِ سحر کہہ دیا گیا
ہر عیب کو کمالِ ہنر کہہ دیا گیا

دل کے چراغ جب بھی دھندلکوں میں جل اُٹھے
فرطِ جنوں میں نورِ سحر کہہ دیا گیا

جو بارگاہِ حسنِ محبت میں جھک گیا
اس جذبۂ خلوص کو سر کہہ دیا گیا

تھی مصلحت کہ وقت کے انداز دیکھ کر
ہر ایک خار کو گُلِ تر کہہ دیا گیا

سو بار لٹ لٹا کے تری رہ گذار میں
بربادیوں کو شرطِ سفر کہہ دیا گیا

ہر ہر قدم پہ کھائے ہیں دھوکے بہار کے
اور خشک ٹہنیوں کو ثمر کہہ دیا گیا

گلشن میں تھا فریب تماشائے رنگ و بو
لیکن اسے بہار و سحر کہہ دیا گیا

ہر سنگِ رہگذار کو دستِ دعا کے بعد
بابِ حیات و بابِ اثر کہہ دیا گیا

صہبائے آرزو کے ہر اک تلخ گھونٹ کو
اکثر نشاطِ خونِ جگر کہہ دیا گیا

ہونٹوں کی نرم آنچ تھی گالوں کے سرخ پھول
دانستہ جن کو برق و شرر کہہ دیا گیا

ہر زخم کو نشانِ وفا کا لقب ملا
غم کو ضیائے قلب و نظر کہہ دیا گیا

ہر دل کا راز شعر کے سانچوں میں اے ندیم
یہ فن کا ہے کمال اگر کہہ دیا گیا

O

کس نے کہا کہ بھولا ہوا سا فسانہ ہیں
ہم کل بھی ایک عہد تھے اب بھی زمانہ ہیں

اُن عاشقانِ صبحِ بہار اں سے پُوچھیئے
جس صبح کے لیٔے شوئے مقتل روانہ ہیں

اِس دورِ ناسپاس و ملامت کے باوجود
تیورمزاجِ یار کے کچھ خسروانہ ہیں

آزادئ وطن میں نمایاں ہمارا خون
بربادیوں کا آج تلک ہم نشانہ ہیں

ہم کو سمجھ کے خرچ کرو ساکنانِ دہر
تہذیب و اِرتقا کا ادب کا خزانہ ہیں

ورثے میں تھیں شرافتیں کردار بھی ملے
کچھ تو قلندرانہ ہیں، کچھ عاشقانہ ہیں

حسنِ ہنر سے ہٹ کے رہی عیب کی تلاش
پھر بھی رموزِ ہمنفساں مخلصانہ ہیں

رشک و حسد کی آگ میں جلتے رہے ندیم
انداز ساتھیوں کے مگر دوستانہ ہیں

رباعی

پھولوں کی سی باتوں کے لئے زندہ ہوں!
اُن آنکھوں کی گھاتوں کے لئے زندہ ہوں
وہ کیف میں ڈوبی ہوئی برساتوں کی
مستی بھری راتوں کے لئے زندہ ہوں

دیارِ شوق سجانا کوئی مذاق نہیں
لہو کے دیپ جلانا کوئی مذاق نہیں

غمِ حیات پہ چھانا کوئی مذاق نہیں
کسی سے پیار جتانا کوئی مذاق نہیں

ترے حسین تبسم کی بجلیاں دل میں
بنامِ درد بسانا کوئی مذاق نہیں

شعورِ فن کے سویروں کو شب کی محفل میں
صدائیں دے کے جگانا کوئی مذاق نہیں

ہزار چاند تخیل کے آسمانوں سے
زمیں پہ کھینچ کے لانا کوئی مذاق نہیں

فصیل توڑ کے دیر و حرم کے افسوں کی
صدائے دوست پہ آنا کوئی مذاق نہیں

نکل کے سایۂ گیسوئے یار سے اے دل
فرازِ دار پہ جانا کوئی مذاق نہیں

جنونِ عشق سلامت شعورِ غم کے نثار
نفس نفس میں بسانا کوئی مذاق نہیں

بنامِ عشق و محبت بنام ہوش و خرد
جنوں کے ناز اٹھانا کوئی مذاق نہیں

قدم قدم پہ جہاں ظلمتوں کے پہرے ہیں
وہاں چراغ جلانا کوئی مذاق نہیں

ہماری زیست مکمل مذاق ہے شائد
فریبِ زیست کے کھانا کوئی مذاق نہیں

ہزار زخم چھپائے ہجومِ یاراں میں
مذاقِ غم کا اڑانا کوئی مذاق نہیں

تلاشِ صبحِ مسرت کی رہگذاروں میں
غموں سے ہاتھ ملانا کوئی مذاق نہیں

ہر اک پیام کو خونِ جگر سے مہکا کر
ندیمؔ شعر سنانا کوئی مذاق نہیں

ہیں آج وقت کی ہم پر عنایتیں کیا کیا
چلے ہیں چہروں پہ لے کر قیامتیں کیا کیا

حیات خون میں غلطاں ہے ذہنِ انسانی
تراشتا ہے ابھی تک شرارتیں کیا کیا

سحر ملی بھی تو ہم کو ہزار زخم لئے
ابھر کے آئی ہیں اب بھی قیامتیں کیا کیا

غمِ حیات، غمِ عشق اس پہ دور کے طنز!
ہوئی نصیب جوانی کو آفتیں کیا کیا

یہ عہد، عہدِ شکایت نہیں تو پھر کیا ہے
کریں تو کس سے کریں گے شکایتیں کیا کیا

نہ پوچھ کھلتی ہے کس کس طرح سے صورتِ شعر
تمثیلات کی ہم پر نزاکتیں کیا کیا

اگر کمالِ سخن ہو زباں پہ قابو ہو
تو شاعری کو ملی ہیں علامتیں کیا کیا

حسین رات ہے وہ بھی ہیں موسمِ گُل بھی
ہمارے سامنے ہیں اب قیامتیں کیا کیا

کہیں ہیں عشق کے قصے کہیں ہے جام کا ذکر
ہیں اپنے شہر میں اپنی حکایتیں کیا کیا

ندیم شعر کی تخلیق کے لئے اب تک
بہارِ عشق نے چھوڑی روایتیں کیا کیا

بنامِ شعر، بنامِ ادب بتاؤں ندیم
کہ آج بونوں نے پائی ہیں قامتیں کیا کیا

○

اداس اداس راتوں کی تیرگی میں حسین تاروں سے بات کر لو
غموں کے چہرے تھکے تھکے ہیں تو غمگساروں سے بات کر لو

نہ کوئی مقتل نہ سنگ باری نہ شورشیں ہیں نہ بیقراری
ستم کا وہ حوصلہ کہاں ہے ستم شعاروں سے بات کر لو

بدل گیا آرزو کا موسم گزر گئے مرحلے خزاں کے
سحر کے زخموں کی روشنی میں ذرا بہاروں سے بات کر لو

حسین پھولوں کی دلکشی ہے فقط امیدوں کا ایک دھوکہ
جو زندگانی کی بات سمجھو تو خارزاروں سے بات کر لو

سمٹ گئے فاصلے شبوں کے نکھر گیا خوابِ زندگانی
نئی امنگوں کا ہے تقاضہ نئے اشاروں سے بات کر لو

وفا کے دل کی طرح ابھی تک جو ظلمتوں میں دھڑک رہے ہیں
اگر کہیں رک سکو رفیقو تو ان ستاروں سے بات کر لو

نشاط کی دل فریب راہو بہار کی چارہ گر نگاہو!
جو غم کا مطلب سمجھ لیا ہے تو غم کے ماروں سے بات کر لو

نئی غزل کیا ہے مجھ سے لو نئی غزل کیا ہے مجھ سے پوچھو
تمہیں جو دعویٰ ہے شاعری کا تو ہر یاروں سے بات کر لو

جو اپنے معیارِ آرزو کا ابھی سہارا نہ بن سکیں گے
ندیمؔ کچھ دیر زندگانی کے ان سہاروں سے بات کر لو

ہے جوہرِ تخلیق تو اصنام تراشو
تیشہ ہے تو پھر اک بتِ بے نام تراشو

بس میں ہو اگر گردشِ ایّام تراشو
ہے حوصلۂ درد تو آلام تراشو

پیمانے نئے اور نئے جام تراشو
پینے کے بہانے تو سرِ شام تراشو

پھر مجھ پہ نئے عشق کے الزام تراشو
اوراقِ بہاراں پہ کوئی نام تراشو

اذہان کو اب شورشِ حالات کرو نذر
پھر شعر کوئی صورتِ الہام تراشو

اس لفظِ محبت سے بھی گھن آنے لگی ہے
اب اسکی جگہ کوئی حسین نام تراشو!

چہرہ دل پہ ہے کیوں مصلحتِ وقت کی یہ گرد
پتھر جو نہیں ہاتھ میں دشنام تراشو!

تنہائی کی اس دھوپ میں سنو لاگئے چہرے
اپنے لئے اک سایۂ گمنام تراشو!

بادل کی طرح بجھو مت آوارہ خیالو
اس عہد کے کچھ حافظ و خیام تراشو!

ہر پھول کا ہے حسن ندیم اپنی نظر میں
آغاز ہی سے عاملِ انجام تراشو!

〇

○

ابھی تک ہیں وہی سب پیش و پس میں
جو کھاتے ہی رہے قسموں پہ قسمیں

خرد کی آگ میں سب جل رہے ہیں
جنوں اپنا نہ قابو میں نہ بس میں

خبر ہے عظمتِ انساں کی ہم کو
گذار آئے ہیں ہم بھی خار و خس میں

کہوں کیا دل سے سمجھوتہ سے پہلے
زمانہ تھا ہماری دسترس میں

دلوں کی دھڑکنوں سے کھیلتا ہے
عجب نغمہ ہے آوازِ جرس میں

ہے کتنا فاصلہ شہرت کے مارے
کبھی سوچا قناعت میں ہوس میں

جنوں کی سرحدوں میں آگئے جب
کئی سورج ملے ہر ہر نفس میں

چمن میں ظلمتوں کا تھا بسیرا
اُجالوں سے ہوئیں باتیں قفس میں

ندیم ابتک ہیں جاری اپنے دم سے
فرازِ دار کی تابندہ رسمیں!

○

مزاجِ وقت سے اتنی سی اک گذارش ہے
کچھ اور زخم یہی آرزو ہے خواہش ہے

عطائے درد ہے سنگِ جفا کی بارش ہے
یہ زندگی بھی مرے عہد کی نوازش ہے

ہجومِ ظلمتِ غم راس آگیا شائد!
نہ جستجوئے سحر ہے نہ کوئی کاوش ہے

ٹھہر گیا ہے زمانہ کہ ہے جمودِ حیات
نہ کوئی نغمۂ ماتم نہ رنگ و آرائش ہے

کہاں رکے ہو، کہ جب منزلِ یقیں ہے قریب
تمہارے ساتھ تو ماضی کی کتنی تابش ہے

وہاں جنوں مرا کام آ گیا بہ حسن کمال
جہاں ثبات سے محروم عقل و دانش ہے

دلوں کا درد جب اوراق پر ابھر آئے
وہی فسونِ قلم ہے وہی نگارش ہے

کبھی کبھی مرے زخموں کے لب پکار اُٹھے !
یہ جان کر بھی کہ یہ دورِ آزمائش ہے

نظر کی آگ نہ ہونٹوں کی چاندنی کی مہک
نہ کوئی غمزہ و عشوہ نہ کوئی نازش ہے

نگاہ اب بہت اکتا گئی کتابوں سے
چلو خطوطِ بدن کی جہاں نمائش ہے

کسی بھی عہد کی تاریخ میں نہیں ہے ندیمؔ
بنامِ شعر و ادب آج جتنی سازش ہے

○

ملتے ملتے دوست آہستہ ملا
جب ملا تو دل سے وابستہ ملا

یوں جدیدیت کا گلدستہ ملا
فکر کو پھر اک نیا رستہ ملا

زخم پہ چلنے کا سلیقہ آگیا
ہم کو بھی وہ رازِ سربستہ ملا

اس قدر تھیں دوستوں کی دوریاں
حال اپنا جسقدر خستہ ملا

خود بہاروں کی نگاہیں جھک گئیں
پھول سے خنجر جو پیوستہ ملا

اپنی اس بے راہروی کے باوجود
شکر ہے لہجہ تو شائستہ ملا

شعر کہنے کو ندیم ہر اک خیال
جو ملا ہم کو بھی برجستہ ملا

○

ہونٹوں پہ لئے رنگِ شفق سامنے آئے
بیتے ہوئے لمحوں کے سبق سامنے آئے

سن بنتِ عنب تیرا تصور ہی رہا ہے
پینے کیلئے جب بھی عرق سامنے آئے

ہے پیار وہی حسن وکشش کے وہی شعلے
یوں زیست کے کتنے ہی طبق سامنے آئے

جلوے تھے کہ تھی ایک چمکتی ہوئی تحریر
کچھ حسنِ معانی کے ورق سامنے آئے

اپنے بھی پرائے کی طرح دیکھ کے چپ تھے
تنہائی کے جنگل لق و دق سامنے آئے

جیسے مری نظروں کا مقدر ہے جراحت
اترے ہوئے چہرے کئی فق سامنے آئے

بینائی کبھی دشنام بنی قادرِ مطلق !
جب دل غم دادہ کے شق سامنے آئے

باطل کی چمک مصلحتِ وقت کا ہے نام
خوں آنکھوں سے ٹپکیگا جو حق سامنے آئے

مقتل تھے وہی غم تھے وہی گردشِ دوراں
اس عہد کے جب نظم و نسق سامنے آئے

ملتی گئیں شعروں میں ندیم ان کو پناہیں
جو قافیے حیران و ادق سامنے آئے

دُھلی دُھلی سی فلک پر حسیں شفق کی طرح
کھلی کتاب ہیں ہم بھی کتابِ حق کی طرح

سنبھل سنبھل کے پڑھو احتیاط سے اُلٹو
حیاتِ شوق ہے بوسیدہ ہر ورق کی طرح

ہم ایک عہد ہیں تاریخ ہیں زمانہ ہیں
ہمیں بھی یاد کروگے کسی سبق کی طرح

جس آرزو میں مری ساری عمر بیت گئی
ملے وہ مجھ سے تو اندیشۂ ادق کی طرح

میں جلتی دھوپ میں بھی مطمئن تھا نازاں تھا
ضمیرِ وقت بھی نکلا ردائے شق کی طرح

لبوں سے آگ بھی مل جائے گی تو پی لوں گا
مگر یہ شرط ہے انگور کے عرق کی طرح

ندیمؔ آج بھی جیسے رواں ہے خون مرا
وجودِ شعر میں رنگینیٔ شفق کی طرح

زندگی اپنی بھلا کب غم کا شیرازہ نہیں
یہ بہت اچھا ہے ہم کو اس کا اندازہ نہیں

دورِ حاضر یہ بتا دے وقت کا حالات کا
کون سا ہے زخم ایسا دل پہ جو تازہ نہیں

جی رہے ہیں ڈال کر کتنے حقائق پر نقاب
مصلحت کا کون سے چہرے پہ اب غازہ نہیں

پھر مرتب کر رہا ہے وقت اک تاریخِ نو
کیا زمانے کو ابھی تک اس کا اندازہ نہیں

کتنی نیندیں زندگی کی نذرِ فکر و فن ہوئیں
کیا حیاتِ شوق اپنی ایک خمیازہ نہیں

یہ عمامے یہ قبائیں آئنے چہروں کا ہجوم
یہ درِ میخانہ ہے جنت کا دروازہ نہیں

تشنگیٔ علم و فن اپنا مقدر ہے ندیم
ہاں تمنائے مزاجِ شعر آوازہ نہیں

جب خرد کا حال ہر جانب سے خستہ ہو گیا
بارگاہوں میں جنوں کی دست بستہ ہو گیا

ہم کو اپنے دل دھڑکنے کی خبر تک بھی نہ تھی
جو نہ ہونا چاہیے تھا جستہ جستہ ہو گیا

ناز تھا قد آوری پر اب جو دیکھا غور سے
اپنا قد خود اپنے سائے سے بھی پستہ ہو گیا

زندگی کے بانکپن سے لوگ بھی اکتا گئے
اور زمانے کا بھی آخر دل شکستہ ہو گیا

سر چھپانے کیلئے اک گھر تھا وہ بھی ڈھیر ہے
آنے جانے کیلئے لوگوں کو رستہ ہو گیا

ایک لمحہ کس کی آنکھوں میں گذار آیا ندیم
بس وہی لمحہ مرے حق میں خجستہ ہو گیا

○

کبھی کہہ رہی ہے منزل کبھی کہہ رہا ہے جادہ
مرے راہبر کہاں تک یہ ترا فریب سادہ

ترے جبر نے بتایا مری منزلیں کہاں ہیں
ترے ظلم نے دکھایا مجھے زندگی کا جادہ

جو رہینِ تشنہ کامی ہو فضائے میکدہ میں
ابھی نا تمام سا ہے وہ مذاقِ جام و بادہ!

کبھی بجلیوں نے ٹوکا کبھی حادثوں نے روکا
نہ ہٹے قدم ہمارے نہ بدل سکا ارادہ

یہ عجیب ہے اجالا یہ عجیب سی سحر ہے
کہ ہے تیرگی کا عالم کہیں رات سے زیادہ

تری دل نوازیوں کا مجھے اعتراف تو ہے
مگر اب نہ کر سکوں گا اسی شوق کا اعادہ

نہ ابھی وفا وفا ہے نہ ابھی جفا جفا ہے
نہ مذاقِ عشق صادق نہ مزاجِ حسن سادہ

تری آرزو تو کرتا مگر اب یہ سوچتا ہوں
کہ یہاں ہے آرزو سے غمِ آرزو زیادہ!

مجھے کیا ملال ہوتا شبِ غم کی تیرگی کا
کہ ہے صبحِ نو کا خالق مرا برجواں ارادہ!

یہ شعورِ زندگی ہے کہ دیئے سے جل اٹھے ہیں
ہے ندیمؔ آج روشن مری فکرِ نو کا جادہ

○

ان کے ہاتھوں میں وہ اک جام ہے کیا عرض کروں
میکدہ لرزہ بر اندام ہے کیا عرض کروں

غم دل افروز دل آرام ہے کیا عرض کروں
ہر خلش آج ترا نام ہے کیا عرض کروں

ہائے وہ بات جو سینے میں چھپا رکھی ہے
مجھ پہ اس بات کا الزام ہے کیا عرض کروں

عہدِ حاضر کا پیمبر ہے مرے فن کا شعور
فکرِ نو صورتِ الہام ہے کیا عرض کروں

مئے عشرت بھی ہے ساقی بھی ہے میخانہ بھی
زندگی پھر بھی تہی جام ہے کیا عرض کروں

شمعِ رخسار تصور میں جلاؤ تو سہی ! !
تیرگی آج سرِ شام ہے کیا عرض کروں

درد بخشا بھی گیا ہے تو کہیں ذکر نہیں
لذتِ درد بھی بے نام ہے کیا عرض کروں

غمِ جاناں، غمِ دوراں کے مقابل تنہا
اک مرا ہی دلِ ناکام ہے کیا عرض کروں

پوچھتے ہیں وہ بہ اندازِ تجاہل مرا نام
اب مرا نام بھی کیا نام ہے کیا عرض کروں

تھی مرے ساتھ تو آغازِ سفر میں لیکن
اب کہاں گردشِ ایام ہے کیا عرض کروں

تیرے دیوانوں میں دانستہ کہ نادانستہ
سرِ فہرست مرا نام ہے کیا عرض کروں

جہل اور وہ بھی بنامِ ادب و شعر ندیمؔ
یہ وبا آج بہت عام ہے کیا عرض کروں

جی رہا ہوں نارسیدہ سرد آہوں کی طرح
زندگی تھی اور ہے گم گشتہ راہوں کی طرح

ہم اندھیروں کے تسلط سے نکل آئے مگر
صبح نکلی ظلمتِ شب کی پناہوں کی طرح

توڑ کر حلقے کو نکلے تو نیا حلقہ ملا
تھیں غمِ دوراں کی باہیں اُن کی باہوں کی طرح

زندگی حرفِ ملامت کی طرح بخشی گئی
اور کچھ سانسیں ملیں بھی تو کراہوں کی طرح

مجھ تک آتے آتے آخر کیوں چھلک جاتے ہیں جام
یہ بھی کیا روٹھے ہوئے ہیں ان نگاہوں کی طرح

دل سے اٹھے ذہن کے اوراق پر آکر ندیم
شعر سرزد ہو گئے اکثر گناہوں کی طرح!

○

غرور علم کا جھوٹی انا کے لہجے میں!
کہیں فریبِ عبادت دعا کے لہجے میں

پکارتا ہے زمانہ بہ شانِ جمہوری
ارادتاً ستمِ ناروا کے لہجے میں

وہ حوصلوں کا تو اظہار کر رہا تھا مگر
اداسیاں تھیں بہت ناخدا کے لہجے میں

کہیں کہیں ابھی قدرِ حیات زندہ ہے
خلوص مجھکو ملا ہے وفا کے لہجے میں

خطوطِ جسم سے آگے بھی سوچنا ہے کچھ اور
ہے بانکپن تو بہت ارتقاء کے لہجے میں

سخنوری کا بھی انداز والہانہ ہے
نشہ ٹپکتا ہے طرزِ ادا کے لہجے میں

بدل چکا ہے بہت شہرِ دلبراں کا مزاج
عجیب زہر ہے آب و ہوا کے لہجے میں

ندیم اہلِ وفا کو سنائی دیتی ہے!
صدائے تشنہ لبانِ نینوا کے لہجے میں

مسرتوں کی اُمیدوں کی ناتمامی نے
بڑھائے فاصلے خود میری تیز گامی نے

لکھی ہے پھر سے فسادات کی نئی تاریخ
ہمارے دور کے یارانِ انتظامی نے

عجیب سلسلۂ قتل و خون جاری ہے
بساط الٹ دی ہے جذباتِ انتقامی نے

ہماری جرأتیں ساری نچوڑ رکھی ہیں
جمودِ وقت نے حالات کی غلامی نے

انہیں تو منزلِ عزم و یقیں سے دور رکھا
جنوں کی دوڑ میں فکر و خرد کی خامی نے

سخنوری کو بھی لایا ہے کس دوراہے پر
غرورِ جہل نے بے ربط سی کلامی نے

خدا کا شکر ہے اوراقِ زندگانی پر
سجا دیا ہمیں اس دورِ اختتامی نے

روایتوں کے اندھیروں کو طرزِ نو میں نیم
اُجالے دیدیئے اردو غزل کو جامی نے

ـ ۱ ۲ ـ خورشید احمد جامی

شعر ہم کہہ کے سرخرو بھی نہیں
اب تو فن کے لئے لہو بھی نہیں

جھوٹ کو کس طرح سے سچ کہہ دیں
ہم میں کچھ مصلحت کی خو بھی نہیں

گفتگو اس طرح سے جاری ہے
کوئی موضوعِ گفتگو بھی نہیں

آرزوؤں کا سلسلہ ہے دراز
ویسے جینے کی آرزو بھی نہیں

دوست ہی دوست ہیں مگر ان میں
غم تو یہ ہے کوئی عدو بھی نہیں

وہ فنِ آزری پہ بولتے ہیں
جنکو احساسِ رنگ و بو بھی نہیں

کون سی شئے پہ ہے غرورِ انا
آئینہ جن کے روبرو بھی نہیں

دھجیاں دامنوں کی پرچم ہیں
جنکو اب حاجتِ رفو بھی نہیں

عزتِ نفس مجھ سے پوچھتی ہے
کیا وفاؤں کی آبرو بھی نہیں

ناتراشیدہ ترا پیکرِ حسن
میرے لفظوں میں ہو بہو بھی نہیں

خالی خالی ہے آج میرا وجود
دل کی دھڑکن میں آج تو بھی نہیں

آپ اپنے کو ڈھونڈنے کی ندیم
سچ تو یہ ہے کہ جستجو بھی نہیں

ہر قطرہ آنسوؤں کا سمندر لگا مجھے
گھر کوئی بھی جلا ہو مرا گھر لگا مجھے

اس طنز کا مزاج بھی کیسا مزاج تھا
پھینکا گیا جو پھول تو پتھر لگا مجھے

آوارہ ذہن، قلب پریشاں، اُداس رات
مخمل بھی جیسے کانٹوں کا بستر لگا مجھے

اس کا وجود جیسے مجسّم ہو چاندنی
غزلوں کی نرم آنچ کا پیکر لگا مجھے

اس طرح بڑھ گئی مرے سجدوں کی آبرو
قربِ جبیں لگا تو ترا در لگا مجھے!

یادوں کی خوشبوؤں کا تھا میلہ لگا ہوا
جھونکا ہوا کا آج معطّر لگا مجھے

دامن جو اپنا دستِ خرد سے چھڑا لیا
کچھ اوج پر جنوں کا مقدر لگا مجھے

تو سامنے نہیں ہے مگر اس کے باوجود
تیرا خیال تجھ سے بھی بہتر لگا مجھے

مدت سے اپنے آپ سے ہوں محوِ گفتگو
مجھ میں بھی ایک اور قلندر لگا مجھے

آئینہ روبرو تھا مرے اور وہ ندیم
دیکھا جو غور سے تو سخنور لگا مجھے!

○

○

وہ التفات وہ طرزِ ادا بھی ٹوٹ گئی
عزیب شہر کی ہر التجا بھی ٹوٹ گئی

لرز رہی تھی جو مدت سے دل کی دھڑکن میں
لبوں پہ آ کے مرے وہ صدا بھی ٹوٹ گئی

ادھر تو موجوں نے اپنا لیا سفینے کو
اِدھر امیدِ دلِ ناخدا بھی ٹوٹ گئی

جو سازشوں سے ملی تھی وہ بات شہرت کی
ہوا جو باندھی گئی تھی ہوا بھی ٹوٹ گئی

عطائے خاص ہی مقصد تھا مرے جینے کا
وہ آس اور وہ نظرِ عطا بھی ٹوٹ گئی

تمام حادثے ہم پر ہی ختم تھے پھر بھی
عجیب بات ہے شانِ وفا بھی ٹوٹ گئی

ہمیں ہی گھوٹ ہے ورنہ یہ عرش ہل جاتا
کہ درمیان سے آہ دبکا بھی ٹوٹ گئی

خود اپنے سائے سے آنکھیں ملا نہیں سکتا
غضب تو یہ ہے کہ روحِ انا بھی ٹوٹ گئی

تھکن سے چور ہے اب زندگی کی ہر کروٹ
قریبِ دل تری آوازِ پا بھی ٹوٹ گئی

ہر آرزو کا مقدر شکست کھانا تھا
ندیم آرزوئے مدعا بھی ٹوٹ گئی

○

تیرے دیوانے کا تجھ سے واسطہ کوئی نہیں
مدتوں سے قربِ دل آواز پا کوئی نہیں

زندگی کا ایک اک زخم بن گیا ہے آئینہ!
کیا غضب ہے اپنے اندر جھانکتا کوئی نہیں

سب کی آنکھیں کہہ رہی ہیں ایک ہی سی داستاں
اور محفل کا یہ عالم بولتا کوئی نہیں!

اپنی ہی پگڈنڈیوں پر گامزن ہیں جانے کیوں
راہ سے واقف ہیں سب بھٹکا ہوا کوئی نہیں

بدظنی کی انتہا ہے اپنا تخلیقی عمل !
جیسے ہم خود رو ہیں اپنا سلسلہ کوئی نہیں

توڑ کر رشتے اجالوں کی زباں سے آئے ہیں
اپنے ماضی سے ہمارا رابطہ کوئی نہیں

سب کے سب اپنی خدائی کی پذیرائی میں ہیں
اِس سفینے کا یقیناً ناخدا کوئی نہیں!

ان کے چہروں پر ہیں کتنے اور چہروں کا وجود
سامنے ہے آئینہ اور دیکھتا کوئی نہیں

گرمیٔ رفتار کا وہ حوصلہ جاتا رہا!
مرحلہ کوئی نہیں ہے حادثہ کوئی نہیں

اک صدی ہے زندگی کا ایک لمحہ ایک پل
بات اتنی مختصر ہے سوچتا کوئی نہیں

کب سے یہ دانشورانِ علم و حکمت ہیں خموش
سچ تو یہ ہے اس خموشی کی سزا کوئی نہیں

یوں دریچے وا ہیں ذہن و فکر کے پھر بھی ندیم
کوئی منزل ہی نہیں ہے راستہ کوئی نہیں

○

کچھ آپ کہیئے پیر و جواں خیریت سے ہیں
ہم تو یہ لکھ رہے ہیں یہاں خیریت سے ہیں

چہرے حقیقتوں کے ہیں بیمار و مضمحل
سچ تو یہ ہے کہ وہم و گماں خیریت سے ہیں

جرأت سے حوصلوں سے گذرتی ہے زندگی
اپنا کے ساری آفتِ جاں خیریت سے ہیں

ہم پر ہیں تہمتوں کی مسلسل نوازشیں
بتلائے کون کیسے کہاں خیریت سے ہیں

پتھراؤ بھی ہے طنز کے نشتر بھی گامزن
اور ہم بھی خوش ہیں لشکناں خیریت سے ہیں

کچھ رہبرانِ قوم عمامے، عبا، قبا
چمکا کے اپنی اپنی دکاں خیریت سے ہیں

بھڑکی تھی آگ ٹھیک ہے یہ اتفاق ہے
سب جل چکا ہے اہلِ مکاں خیریت سے ہیں

تہذیب و ارتقا کے تمدن کے علم کے
مٹتے ہوئے تمام نشاں خیریت سے ہیں

مقتل ہے شہر شہر کہیں خنجروں کا رقص
اخبار میں ہے امن و اماں خیریت سے ہیں

اب پھانسیوں کی چھاؤں میں دیکر زبان کو
دانشورانِ اردو زباں خیریت سے ہیں

ان کے وجود پر بھی تو ہے وقت کا عتاب
اور ہم سے پوچھتے ہیں میاں خیریت سے ہیں

پانی سے اپنی پیاس کا رشتہ طویل ہے
لیکن ندیم ہم نہیں جہاں خیریت سے ہیں

○

سخنوری میں پیامِ نوید ہوتا ہے
پرانی بات ہے لہجہ جدید ہوتا ہے

وہ انقلاب کا ہے پیش لفظ دیباچہ
جو مسئلہ بھی ابھر کر شدید ہوتا ہے

بساطِ دہر میں جینے کا ہے وہی حقدار
جو تیرگی نہیں صبحِ اُمید ہوتا ہے

اُسی کے ہاتھ ہے یہ کائناتِ مستقبل!
جو اپنی ذات میں ماضی بعید ہوتا ہے

اُسے جھکا نہیں سکتی خرد کی گمراہی
جو آپ اپنے جنوں کا مُرید ہوتا ہے

جو روشنی دے تمدن کو علم و دانش کو
وہ تجربہ ہی یقیناً مفید ہوتا ہے!

یہ سلسلہ بھی عجب ہے کہ جذبۂ شہرت
بڑھاؤ جتنا بھی اتنا مزید ہوتا ہے!

کسی کا بانٹ لیں غم اور کسی کے کام آئیں
ہمارے واسطے وہ روزِ عید ہوتا ہے

محاورہ تھا جو دیکھا تو اب حقیقت ہے
ہمارے بھائیوں کا خون سفید ہوتا ہے

عجیب بات ہے ذوقِ جمالیات بھی
نہ ہم خیال، نہ پابندِ دیار ہوتا ہے

پھر اُس کے ذہنِ رسا کا ندیمؔ کیا کہنا
کہ جس کے دل میں کلامِ مجید ہوتا ہے

○

۹۷

دیکھئے تو زندگی کی ہر ادا خطرے میں ہے
سوچیئے تو شہر کی آب و ہوا خطرے میں ہے

حوصلوں کی پرورش میں رہ گئی کوئی کمی
جرأتِ بے باک کی نشو و نما خطرے میں ہے

سچ تو یہ ہے آج اپنا رہنما کوئی نہیں
ہاں مگر یہ سچ نہیں کہ رہنما خطرے میں ہے

جب سے چہروں پر نقابیں ڈال کر پھرتے ہیں لوگ
دیکھتا ہوں آبروئے آئینہ خطرے میں ہے

ویسے آنکھیں کہہ رہی ہیں بے بسی کی داستاں
لب پہ آجائے اگر تو مدعا خطرے میں ہے

وقت کے کیا ہیں تقاضے یہ سمجھتے ہیں عوام
اب یقیناً آج کا بہروپیا خطرے میں ہے

دورِ حاضر کا مورخ وقت کے اوراق پر
سچ اگر لکھے تو بس اس کا لکھا خطرے میں ہے

فکرِ تازہ چاہیئے تھی یہ کبھی سوچا نہیں!
کیا نہیں خطرے کی زد میں اور کیا خطرے میں ہے

جی رہے ہیں آج جو اردو زباں کی بھیک پر
اِن سے ہی اردو زباں کا مسئلہ خطرے میں ہے!

مصلحت کی چھاؤں سے یہ دھوپ بہتر ہے ندیم
عادتاً اپنا مزاجِ سلسلہ خطرے میں ہے

ہر سجدۂ خلوص کا حاصل ہے کیا نہ مانگ
اک در جو مل گیا ہے تو پھر دوسرا نہ مانگ

خودداریٔ حیات کا کیا ہے صلہ نہ مانگ
اپنوں سے ایک لمحۂ صبر آزما نہ مانگ

اشکوں کی بوند بوند سے ہے تشنگی کو پیار
اس سلسلے کے بعد کوئی سلسلہ نہ مانگ

اوراقِ کائنات پہ کچھ نقش چھوڑ جا
تو باوفا اگر ہے تو اجرِ وفا نہ مانگ

اندر کے آدمی کو بچا خود سے خوف کھا
حالات و وقت سے تو کبھی آئینہ نہ مانگ

ہے مدتوں سے اپنے لیئے وا درِ قبول
کس نے کہا کہ ہاتھ اُٹھا کر دعا نہ مانگ

مانا کہ آرزوؤں کا ہے سلسلہ دراز
جو صورتِ زوال ہے وہ ارتقائہ مانگ

ہے اپنے ہاتھ پرچمِ انسانیت بلند
مسموم ذہن و فکر کی آب و ہوا نہ مانگ

جو دل کی دھڑکنوں میں ہے محفوظ آج تک
مجھ سے مرے حبیب کی آوازِ پا نہ مانگ

وہ بدنصیب کہ سایۂ رحمت سے دور ہے
جو کہہ رہا ہے دامنِ مشکل کشا نہ مانگ

یہ صرف نفرتوں کے سوا دینگے کیا ندیم
اہلِ عبا قبا سے کبھی مشورہ نہ مانگ

لفظ تخلیق ہوئے قوتِ اظہار بنے
یہ کہیں پھول کہیں شعلۂ رخسار بنے

موضوعِ بحث کبھی جب مرے اشعار بنے
حسنِ معنیٰ تو کہیں گرمئ گفتار بنے

آج چودہ سو برس بعد بھی غم تو یہ ہے
وہ جو کردار تھے اپنے نہ وہ کردار بنے

وہ حقائق جنھیں ہر دور نے تسلیم کیا
وہی معیار بنائے وہی معیار بنے

حوصلے ڈھل گئے حالات کے پیمانوں میں
کہیں سرکار بنائی کہیں سرکار بنے

سازشِ وقت کی دیوار گرائی تو کھلا!
تھے وہ منصوبے جو اکثر پسِ دیوار بنے

زندگی اپنی جگہ جیسے اداکاری ہے
جو اداکار نہ تھے وہ بھی اداکار بنے

وہ جو پلکوں پہ سجے جن پہ قصائد لکھے
کل کے شہکار جو تھے آج کے آثار بنے

کونسے چہرے نقابوں میں وفا بیچتے تھے
ان سے پوچھو جو وفاؤں کے خریدار بنے

خوب فتووں کی حدیثوں کی دکاں چمکا کر
کچھ عمامے بنے کچھ جبہ و دستار بنے

ویسے کردار کا بننا تو کوئی کھیل نہیں
جنکو توفیق ہوئی صاحبِ کردار بنے

رسن و دار سے مقتل سے گذرنا ہی پڑا
جب بھی ہم عظمتِ رفتہ کے طلبگار بنے

یہی سربار ہیں جو دوشِ غلامی پہ ندیم
رونقِ دار بنے وارثِ پندار بنے!

کچھ حقیقت ہے دکھاوا ہے اداکاری بھی ہے
راہزن ہیں رہبری کا سا نشہ طاری بھی ہے

یہ زبانوں کا تعصب یہ علاقائی گھمنڈ
پاسبانی بھی وطن کی خوئے غداری بھی ہے

اب حقیقی ماں کا یہ سوتیلا پن بھاتا نہیں
اور اک اک سانس پر شرطِ وفاداری بھی ہے

آگ میں لپٹی ہوئی ہے خون میں ڈوبی ہوئی
ایک خوابیدہ فضا میں جشنِ بیداری بھی ہے

خنجروں کے رقص میں سود و زیاں کی دوڑ میں
صرف چینو ہی نہیں استاد گردھاری بھی ہے

حدِ آخر صبر کی شعلوں کی رُت بن جائیگی
اپنے دامن میں ہوا دُ ایسی چنگاری بھی ہے

مصلحت کوشی، خرد مندی، زمانے کی ہوا
ان جیسں ناموں میں شامل ذلت و خواری بھی ہے

پتھروں کو کیا سنائیں حالِ دل حالِ تباہ
غم کی رسوائی بھی ہے توہینِ خود داری بھی ہے

جس سفر پہ جا رہا ہوں واپسی ممکن نہیں
یہ سفر جاری رہے گا یہ سفر جاری بھی ہے

اب ندیم اپنے مخالف بھی یہی کہنے لگے
شعر بھی تیکھے ہیں اور اسلوب معیاری بھی ہے

○

اک انقلاب کی پائیں بشارتیں اب کے
پڑھی ہیں چہروں پہ ایسی عبارتیں اب کے

نئی روائتیں آئیں نشان تک اپنا
مٹا گئیں ہیں پرانی روائتیں اب کے

بڑے تپاک سے پھینکے ہیں ہم پہ طنز کے تیر
ہم ہی سے مانگ کے بونوں نے قامتیں اب کے

نہ بوئے گل نہ صبا ہے نہ چاک دامانی !
بدل گئیں ہیں جنوں کی حکایتیں اب کے

ہر ایک زخم بتاتا ہے اک نئی تاریخ
گلی گلی سے ملی ہیں یہ چاہتیں اب کے

نہ کوئی دادرسی ہے نہ کوئی شنوائی
شکایتوں کی جگہ ہیں شکایتیں اب کے

یقیں ہے کوئی نہیں ہے فساد کا موسم
قدم قدم پہ ملی ہیں قیامتیں اب کے

ہماری چین کی نیندوں کے زخم تازہ ہیں
پناہ مانگتی پھرتی ہیں راحتیں اب کے

کچھ اپنے شعر کا لہجہ بھی کھردرا ہے ندیم
بدل گئی ہیں بہت سی نزاکتیں اب کے

○

باطل کے پرستار ہیں معلوم نہیں کیوں
دوزخ کے خریدار ہیں معلوم نہیں کیوں

جل جانے کو تیار ہیں معلوم نہیں کیوں
سورج کے طلبگار ہیں معلوم نہیں کیوں

جو زیست کے آداب سکھاتے رہے اکثر
اب جینے سے بیزار ہیں معلوم نہیں کیوں

خود میری تمنائیں مرے جسم کے اندر
آمادۂ پیکار ہیں معلوم نہیں کیوں

وہ دوست بھی مخلص بھی ہیں اور دشمنِ جاں بھی
پروردۂ اسرار ہیں معلوم نہیں کیوں

چہرے پہ کئی چہرے ہیں لہجے میں بناوٹ
ہر وقت اداکار ہیں معلوم نہیں کیوں!

یہ جان کے پہچان گئی ہے انھیں دنیا!
پھر بھی پسِ دیوار ہیں معلوم نہیں کیوں

اِس دورِ ملامت میں بھی افسوس تو یہ ہے!
کچھ صاحبِ کردار ہیں معلوم نہیں کیوں

حالیؔ کی طرح اپنے لئے بھی تو ندیمؔ اب
غالبؔ کے طرفدار ہیں معلوم نہیں کیوں

○

○

بہک گئی ہے آج بہت چاندنی سے مجھے
یاد آ گئی کسی کے لبوں کی ہنسی مجھے

راس آئے گی تو آئے گی کیوں کر خوشی مجھے
جب مل گئی ہے دولتِ غم دائمی مجھے

محسوس اب ہوا ہے سزا دی گئی مجھے
اپنوں میں رہ کے اپنے لگے اجنبی مجھے

سمجھے کہ بات وعدۂ فردا پہ ٹل گئی
جیسے یقین آ ہی گیا وا قتی مجھے

پہچاننا پڑا حق و باطل کے فرق کو
بخشی ہے جب ضمیر نے جب آگہی مجھے

میں بھی فریبِ زیست کی باہوں میں آگیا
لہجہ بدل بدل کے جو آواز دی مجھے

تاریکیوں کا دشت اُجالوں کا دشت ہے
تاریکیوں کے دشت نے دی روشنی مجھے

بربادیاں جراحتیں تقسیم ذہن و فکر
کیا انقلاب دے گئی میری صدی مجھے

مستقبلِ حیات کا منظر عجیب تھا
کچھ دور سے شبیہ دکھا دی گئی مجھے

پانی لبوں تک آتے ہی آنسو نکل پڑے
پہنچا گئی کہاں سے کہاں تشنگی مجھے

کہتے ہیں لوگ میں صفِ اول میں ہوں ندیم
یہ وہم یہ گمان نہ آیا کبھی مجھے!

○

یہ حقیقت ہے کوئی طنز کا پہلو تو نہیں
اپنا اسلوبِ ہنر ہے کوئی جادو تو نہیں

سلسلہ جس کا وفاؤں سے ہوا ہے تخلیق
میرے لہجے میں اُسی عہد کی خوشبو تو نہیں

اپنی پلکوں پہ کئی زخم اُٹھا لیتا ہوں
سچ ہے اب عشرتِ غم پر مجھے قابو تو نہیں

آج نغمات میں بھی آہ و بکا کی لَے ہے
زیست کے رقص میں اب کرب کے گھنگرو تو نہیں

ہنستے ہنستے یہ کبھی دیکھ لیا کرتا ہوں!
صفِ مژگاں پہ چمکتے ہوئے جگنو تو نہیں

ہمتیں، جرأتیں اسلاف پہ کیا ختم ہوئیں
اپنے ورثے ہی میں ٹوٹے ہوئے بازو تو نہیں

مسئلے خود بھی سلجھتے ہوئے گھبراتے ہیں
وقت و حالات کے اُلجھے ہوئے گیسو تو نہیں

جب بھی اُٹھتی ہے نظر پڑھتی ہے جسموں کے خطوط
اور ان جسموں میں پوشیدہ کہیں تُو تو نہیں

آسماں پر جو نظر آتا ہے باریک ہلال
سوچتا ہوں کہ یہ تیرا خمِ ابرو تو نہیں

آنکھوں آنکھوں میں سنی جاتی ہیں دل کی باتیں
میرے شعروں میں رواں لفظ کے آہو تو نہیں

اپنے جذبوں سے بھلا آگ گریزاں کیوں ہے
ان میں بھی مصلحتِ وقت کی کچھ خُو تو نہیں

بھیگا بھیگا مجھے ہر وقت یہ ملتا ہے ندیم
اپنا دامن بھی سمیٹے ہوئے آنسو تو نہیں

○

نہ گیسوؤں سے نہ اندازِ معتبر سے ملی
رہِ حیات میں خوشبو تو چشمِ تر سے ملی

وہ جس کو سینے سے اپنے لگائے زندہ ہوں
وہ اک ادا تو اُچٹتی ہوئی نظر سے ملی

مہک بھی زلفوں کی رخسار و لب کی تابانی
یہ کیفیت تو مجھے شام سے سحر سے ملی

تمام جشنِ چراغاں نویدِ آمد کی
ہجومِ دشتِ تمنا سے بحر و بر سے ملی

وہ ایک شخص جو اپنا نشاں نہ رکھتا تھا
خبر ہر ایک کی اُس فردِ بے خبر سے ملی

شعور دے گئی چہروں کو تجربات کی دھوپ
یہ تازگی تو مجھے وقتِ سفر سے ملی

کہاں کہاں لئے پھرتا جنونِ شوق مرا
مجھے جو راہ ملی تیری رہگذر سے ملی

تمیز اپنے پرائے میں اب نہیں باقی
یہ طرز دوری و بیگانگی تو گھر سے ملی

ہمارے عہد کے دانشوروں کا کیا کہنا!
جو سوجھ بوجھ ملی بھی اِدھر اُدھر سے ملی

عجیب دورِ سخن سے گذر رہا ہوں ندیمؔ
سند ہنر کی مجھے دستِ بے ہنر سے ملی

○

یہ سوچتا ہوں کیا کیا نظر میں رکھا جائے
عذابِ دیر و حرم کس کے گھر میں رکھا جائے

بہت طویل سہی ظلمتوں کا افسانہ
ضرور تاً اسے خونِ سحر میں رکھا جائے

اک انقلاب کی تخلیق تو یقینی ہے
پھر اس یقین کو زادِ سفر میں رکھا جائے

حیات صرف خرد ہی نہیں کچھ اور بھی ہے
اسے کبھی تو جنوں کے اثر میں رکھا جائے

ہر ایک سمت سے کتنے بھڑک اُٹھے شعلے
اک ایسا شعلہ بھی دامانِ تر میں رکھا جائے

وہ خوش نصیب ہے ملجائے جسکو دولت درد
شعورِ غم کو غمِ معتبر میں رکھا جائے

ہماری قوم کے دانشوروں کا کہنا ہے
ہمیں تو فیصلۂ خیر و شر میں رکھا جائے

یزید گالی ہے اک لعنتِ مسلسل ہے
یہ واقعہ بھی دلِ فتنہ گر میں رکھا جائے

سمٹ کے آگئی کونین جس کے سجدے میں
ہمارا سجدہ اُسی سنگِ در میں رکھا جائے

یہ تجربات یہ جدت بجا درست ندیمؔ
فن لطیف کا پہلو نظر میں رکھا جائے

آج جو بات بھی کرتا ہوں اشاروں میں ندیمؔ
کل وہی پھیل کے روداد جہاں ہوتی ہے

○

موسمِ گل بھی نہیں لذتِ بادہ بھی نہیں
کیا قیامت ہے کہ زخموں کا اعادہ بھی نہیں

یوں بھٹکتی ہوئی پھرتی ہیں اُمیدیں جیسے
کوئی منزل بھی نہیں ہے کوئی جادہ بھی نہیں

اب تو ترشے ہوئے لفظوں کا فسوں بھی ہے خجل
عقل کے پاس کوئی اور لبادہ بھی نہیں

جا بجا وقت کی لکھی ہوئی تحریریں ہیں
زندگانی کا ورق اب کوئی سادہ بھی نہیں

رات خاموش صبا چپ ہے سحر افسردہ
ان ہتھیلیوں میں کوئی دستِ کشادہ بھی نہیں

ہائے کس موڑ پہ آئے ہیں کہ اک مدت سے
داستانِ غمِ ہستی کا اعادہ بھی نہیں

تو نہ سمجھے گا ابھی عشرتِ غم کا مفہوم
تیری رگ رگ میں رواں شعلۂ بادہ بھی نہیں

دلِ مایوس پہ ہے ذکرِ محبت بھی گراں
اور پھر ترکِ محبت کا ارادہ بھی نہیں

حسنِ اخلاق کے اظہار سے جی ڈرتا ہے
بزمِ یاراں کا یہ انداز تو سادہ بھی نہیں

ایک بے نام سی لذت مجھے حاصل ہے ندیمؔ
درد کم کم بھی نہیں درد زیادہ بھی نہیں

○

تجھ کو جب اے نگہۂ یار سمجھ لیتے ہیں
قسمتِ عشق ہے آذار سمجھ لیتے ہیں

جو نئے دور کے اقدار سمجھ لیتے ہیں
کچھ وہی زیست کا معیار سمجھ لیتے ہیں!

سہل ہے اہلِ جنوں کیلئے ہر منزلِ غم
مدعی عقل کے دشوار سمجھ لیتے ہیں

لمحۂ عیش کبھی ملتا ہے تو ہم اپنے لئے
آج منجملۂ آزار سمجھ لیتے ہیں

دیکھکر برق کا اندازِ کرم اہل نظر
اب مآلِ گل گلزار سمجھ لیتے ہیں

کتنا دلکش ہے یہ انکار کا پہلو کہ جسے
ہم بھی اکثر ترا اقرار سمجھ لیتے ہیں

ہم وہاں ہیں کہ حدیثِ غمِ دوراں کو جہاں
داستانِ لب و رخسار سمجھ لیتے ہیں

جو تری چشمِ فسوں ساز سے واقف ہے وہی
انقلابات کی رفتار سمجھ لیتے ہیں

آپ خوش ہیں تو چلو آپ کی خاطر ہی سہی
آپ کو مونس و غمخوار سمجھ لیتے ہیں

صفِ مژگاں پہ ستارے ہیں تو کچھ لوگ ندیم
یک بہ یک صبح کے آثار سمجھ لیتے ہیں

○

○

زخمِ تازہ کے سلسلے تو ملے
شہر میں اپنے حادثے تو ملے

اپنا چہرہ تھا کتنے چہروں میں
راہ میں آج آئینے تو ملے

جب بھی دیر و حرم سے بچ نکلا
کچھ سہاروں کو میکدے تو ملے

آرزو ہے کہ میرا غم مجھ سے
کاش بڑھ کر کبھی گلے تو ملے

بانکپن ہے ندیمؔ لہجے میں!
شعر کہنے کو قافیے تو ملے

پناہِ امن کو ڈھونڈے ہے آدمی کا مزاج
نہ پوچھیے ابھی مجھ سے مری صدی کا مزاج

ہو جیسے اب سرِ مژگاں پہ خون کا قطرہ
بنا ہے شاخ پہ کھلتی ہوئی کلی کا مزاج

اُس ایک پل سے ڈرو اپنے آپ سے پوچھو
مزاج اپنا نہ بن جائے اجنبی کا مزاج

شعور و فکر کو ٹھکرا کے بڑھ گیا آگے!
ہمارے عہدِ سیاست کی رہبری کا مزاج

خدا کرے کہ نئی نسل کو بھی راس آئے!
زہے نصیب جو مل جائے سادگی کا مزاج

جدید لہجے میں خوشبو ہے اپنے ماضی کی!
جدیدیت میں بھی آئیگا شاعری کا مزاج

مسرتوں کے سویرے میں زخم چھپ تو گئے
غموں کی شام میں نکھرا ہے زندگی کا مزاج

جہاں کے سارے سمندر سمیٹ کر لاؤ ۔۔۔!
نہ جانے کونسی منزل ہے تشنگی کا مزاج

تمام جسم پہ زخموں کے پیرہن میں عیاں
کہاں کہاں نظر آتا ہے روشنی کا مزاج

جنوں کے وصف سے محروم ہو گیا ہے شائد
بدل سکا نہ ابھی بزم آگہی کا مزاج

عطائے خاص نہیں ہے تو اور کیا ہے ندیم
ہمارے حصے میں آیا قلندری کا مزاج